IMPRESSUM

Luca Stein
vertreten durch:
Telton Verlag - TT Publishing
Toni Telle
Johann-Meyer-Straße 2, 01097 Dresden

ISBN: 978-3-00-076419-6
Cover: Marie-Katharina Becker, Wolkenart - Media Design

Die Deutsche Nationalbibliothek verzeichnet diese Publikation in der Deutschen Nationalbibliografie.

INHALTSVERZEICHNIS

HIGHLANDS

WESTKÜSTE UND HEBRIDEN

SCHOTTISCHE INSELN

TRAUMHAFTE REISEROUTEN

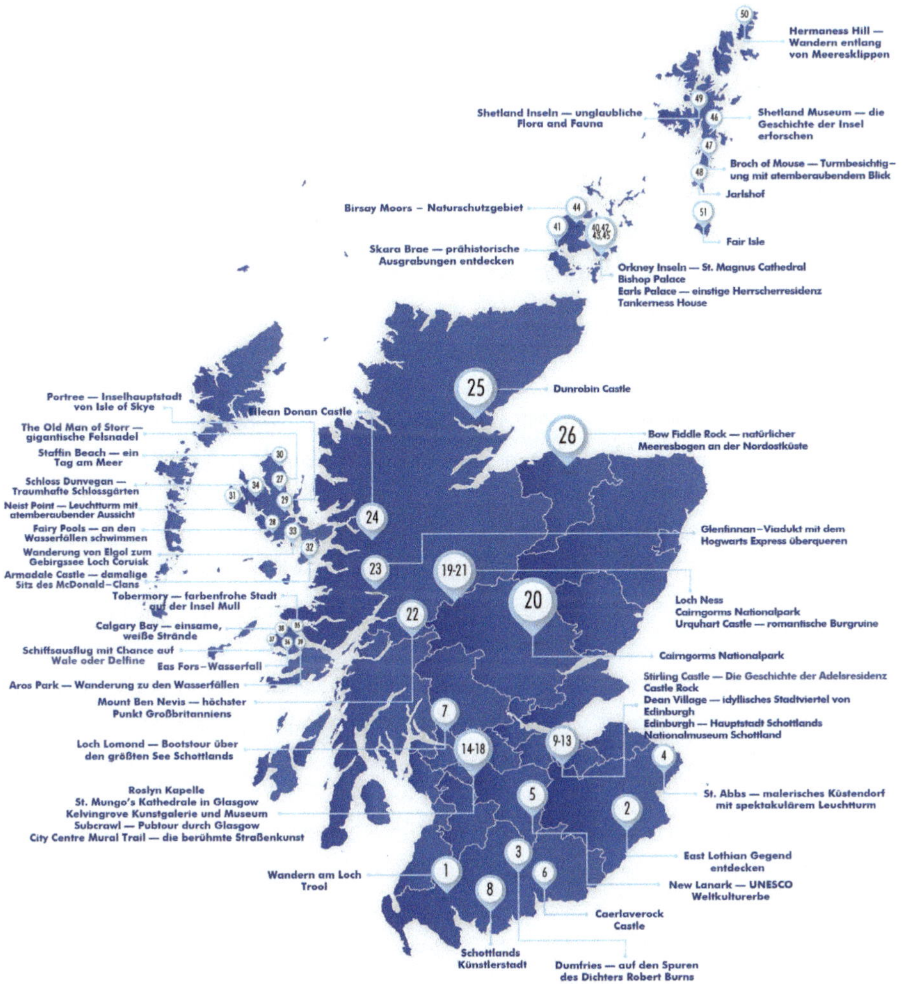

Hermaness Hill — Wandern entlang von Meeresklippen
Shetland Inseln — unglaubliche Flora and Fauna
Shetland Museum — die Geschichte der Insel erforschen
Broch of Mouse — Turmbesichtig-ung mit atemberaubendem Blick
Jarlshof
Fair Isle
Birsay Moors – Naturschutzgebiet
Skara Brae — prähistorische Ausgrabungen entdecken
Orkney Inseln — St. Magnus Cathedral
Bishop Palace
Earls Palace — einstige Herrscherresidenz
Tankerness House
Dunrobin Castle
Portree — Inselhauptstadt von Isle of Skye
Eilean Donan Castle
The Old Man of Storr — gigantische Felsnadel
Bow Fiddle Rock — natürlicher Meeresbogen an der Nordostküste
Staffin Beach — ein Tag am Meer
Schloss Dunvegan — Traumhafte Schlossgärten
Neist Point — Leuchtturm mit atemberaubender Aussicht
Fairy Pools — an den Wasserfällen schwimmen
Glenfinnan-Viadukt mit dem Hogwarts Express überqueren
Wanderung von Elgol zum Gebirgssee Loch Coruisk
Armadale Castle — damalige Sitz des McDonald-Clans
Tobermory — farbenfrohe Stadt auf der Insel Mull
Loch Ness
Cairngorms Nationalpark
Urquhart Castle — romantische Burgruine
Calgary Bay — einsame, weiße Strände
Schiffsausflug mit Chance auf Wale oder Delfine
Eas Fors-Wasserfall
Cairngorms Nationalpark
Aros Park — Wanderung zu den Wasserfällen
Stirling Castle — Die Geschichte der Adelsresidenz
Castle Rock
Mount Ben Nevis — höchster Punkt Großbritanniens
Dean Village — idyllisches Stadtviertel von Edinburgh
Edinburgh — Hauptstadt Schottlands
Nationalmuseum Schottland
Loch Lomond — Bootstour über den größten See Schottlands
St. Abbs — malerisches Küstendorf mit spektakulärem Leuchtturm
Roslyn Kapelle
St. Mungo's Kathedrale in Glasgow
Kelvingrove Kunstgalerie und Museum
Subcrawl — Pubtour durch Glasgow
City Centre Mural Trail — die berühmte Straßenkunst
East Lothian Gegend entdecken
Wandern am Loch Trool
New Lanark — UNESCO Weltkulturerbe
Caerlaverock Castle
Schottlands Künstlerstadt
Dumfries — auf den Spuren des Dichters Robert Burns

SCHOTTLAND ENTDECKEN

Was macht Schottland so besonders?

Eine Reise in diese Region mit ihrem einzigartigen Landschaftsbild. Seen, Berge, Gletscher und Wälder sind ein unvergessliches Erlebnis. Ob man dabei Nessie, das Seeungeheuer von Loch Ness, zu sehen bekommt, ist wohl eher von untergeordneter Bedeutung. Das Besondere an Schottland ist die schottische Sprache. Eigentlich wird überall im Vereinigten Königreich Englisch gesprochen. In Schottland hat sich ein Dialekt, der nur entfernt an das klassische „Oxford-Englisch" erinnert, durchgesetzt. Schotten legen viel Wert auf ihre Traditionen. Die ist nicht nur am Kilt und anderen Trachten, die zu jedem Anlass getragen werden, erkennbar. Das Highlight des Jahres sind die Highland Games, die im Sommer überall im Land stattfinden. Der Mix aus Kultur und Tradition, Schlössern und imposanten Burgen, Seen, Flüssen und hügeligen Landschaften macht Schottland als Reiseziel so besonders.

Schottland fasziniert. Das Land im Norden des britischen Königreichs hinterlässt einen einzigartigen Eindruck. In Schottland liegen die urwüchsigsten Landschaften Europas. Bei einer Rundreise sind abgeschiedene Hochtäler, mit Ginster und Heide bewachsene Berge und dunklen Lochs wie das berühmte Loch Ness zu sehen. Moorseen, Steilküsten und mittelalterliche Burgen beeindrucken. Man kann wildromantische Naturlandschaften entdecken, großartige Museen besuchen, spannende Kultur erleben, sportlich aktiv sein oder bei einem Whisky, dem schottischen Nationalgetränk, entspannen.

Welche Regionen Schottlands sind die schönsten?

Sehenswert sind sie alle! Abhängig von der geplanten Reisedauer und Jahreszeit kann man sich die Lowlands, die Highlands, die Westküste und Hebriden anschauen oder eine Städtereise nach Edinburgh, Glasgow und Dundee machen. Als Urlaubsziele beliebt sind auch schottische Inseln wie Orkney Island und die Shetland Inseln. Die Schottischen Lowlands sind für ihre zahlreichen Schlösser und Herrensitze wie Floors Castle und Stirling Castle bekannt. Berühmte Sehenswürdigkeiten in dieser Region sind Klosterruinen wie Melrose Abbey, Jedburgh Abbey und Kelso Abbey. Moorwanderungen, Angeln am See sind Aktivitäten, die man dort so richtig genießen kann. In den Highlands befindet sich auch Loch Ness. Der zweitgrößte Süßwassersee in Schottland ist vor allem durch den Mythos des sagenumwobenen See-Ungeheuers bekannt. Berge und Seen prägen die Highlands, zu denen auch die äußeren Hebrideninseln mit ihren feinsandigen Stränden zählen. Als Ziel für eine Städtereise ist Dundee ein Geheimtipp. Die Hafenstadt, die früher vom Walfang und von der Jute-Herstellung lebte, gilt heute als heimliche Design-Hauptstadt Großbritanniens

Was sind ideale Reisezeiten, um in Schottland Urlaub zu machen?

Das Wetter ist äußerst abwechslungsreich. Selbst im Sommer ist mit einigen Regentagen zu rechnen. Edinburgh und die Ostküste gelten als sonniger als die Westküste Schottlands. Die Highlands liegen in dem regenreichen, dafür aber etwas wärmeren Gebiet. Da der Golfstrom an den Inseln der Äußeren Hebriden vorbeizieht, gedeihen dort zahlreiche Palmen. Mit durchschnittlich 17 bis

20 Grad Celsius ist der schottische Sommer relativ frisch. Für Wandertouren, Fahrradausflüge und um die Gegend zu entdecken, sind diese Temperaturen ideal. Hochsaison in Schottland sind die Monate Juni bis August. In diesem Zeitraum finden im ganzen Land Festivals, Ausstellungen, Märkte und andere Veranstaltungen statt. Frühling und Herbst sind die perfekte Reisezeit, um Schottland zu entdecken. Das Wetter ist etwas beständiger als im Winter. Im Frühjahr blühen die Wildblumen und die Herbstmonate verwandeln die Wälder in ein buntes Farbenmeer. Da die Winter relativ mild ausfallen, sind Städtereisen und viele Outdoor-Aktivitäten auch in dieser Jahreszeit möglich.

Welche Aktivitäten kann ich in Schottland erleben?

In einer so vielseitigen Region wie Schottland gibt es eine Vielzahl an Möglichkeiten, den Urlaub abwechslungsreich, interessant, entspannend und erholsam zu gestalten. Schottland besitzt zahlreiche renommierte Golfplätze. Bereits seit dem 15. Jahrhundert zählt der Golfsport zu den beliebtesten Aktivitäten. Außerdem kann man in Schottland mit dem Heißluftballon fahren, im Hochseilgarten klettern, auf dem Mountainbike bergige Landschaften entdecken, wandern, segeln, tauchen und schnorcheln. Während einer Städtereise nach Edinburgh oder Glasgow bieten sich kulturelle Aktivitäten an. Dazu zählen Besichtigungen in Top-Museen wie dem National Museum of Scotland oder der Scottish National Gallery in Edinburgh, Schlossbesuche, Konzerte und Ausstellungen. Im Winter werden die schottischen Highlands zum schneebedeckten Winterwunderland. Schottland verfügt über rund 139 Pistenkilometer. Auf die Skipiste gelangt man mit 88 Skiliften, die in den Skigebieten eingesetzt werden. Mit einer Pistenlänge von circa 40 Kilometern ist das Skigebiet Glenshee die größte Skiregion in Schottland.

Wie viel Zeit sollte für ein Schottlandtrip eingeplant werden?

Um Schottland ausgiebig zu erkunden, ist eine Reisedauer von circa zwei Wochen optimal. Längere Aufenthalte bieten die Möglichkeit, eine oder mehrere Regionen genauer zu entdecken. Bei einer einwöchigen Rundreise stehen meistens die wichtigsten Attraktionen auf dem Programm. Für mehrtägige Städtereisen und Wochenendtrips bieten sich Städte wie Edinburgh und Glasgow an. Ein Aufenthalt von fünf bis sieben Tagen ist ideal, um das Umland in die Städtereise einzubinden.

Was bietet Schottland kulinarisch?

Die schottische Küche ist rustikal, bodenständig und sehr vielfältig. An der Küste bestimmen Fisch und Meeresfrüchte den Speiseplan. Da Schottland von fischreichen Meeren umgeben ist, kennt man nicht nur die in Backteig frittierten und mit Kartoffelstäbchen servierten Fischfilets, Fish and Chips, sondern auch schottische Fischsuppe und Fisch-Pie, ein gebackenes Gericht mit Fischfüllung. Schottlands Nationalgericht ist der Haggis. Diese schottische Delikatesse besteht auf feinsten Zutaten. Dazu zählen neben Lamm und Rindfleisch auch Zwiebeln, Haferflocken sowie eine spezielle Gewürzmischung. Den deftigen Haggis gibt es auch als vegetarische Variante. Die Küche Schottlands ist bei Feinschmeckern sehr beliebt. Gründe dafür sind die Qualität und Frische der Zutaten und die schonende Art der Zubereitung. Ihren Tag beginnen die meisten Schotten mit einem Haferbrei (Porridge) zum Frühstück. Schottischer Hafer ist feiner als das in anderen Ländern angebaute Getreide und ergibt eine cremige Textur. Ähnlich populär wie der Porridge ist das schottische Brötchen. Bei dem als Buttery bezeichneten Aberdeen Rowie handelt es sich um eine Backware mit blätterteigartiger Textur und butterigem Geschmack.

Wandern am Loch Trool

Der schmale Süßwassersee Loch Trool liegt in Glentrool im Galloway Forest Park und ist von schöner grüner Landschaft umgeben. Dieser See ist gleichzeitig die Quelle des Water of Trool, eines Flusses, der im weiteren Verlauf in die beiden Flüsse Water of Minnoch und Cree mündet. Das Gebiet am Loch Trool ist eine beliebte Wanderregion. Wanderstrecken führen zur höchsten Erhebung Südschottlands, **dem Merrick**. Der 843 Meter hohe Berg ist Teil einer Untergruppe der Galloway Hills. Die Range of the Awful Hand (übersetzt: Reichweite der schrecklichen Hand), ist eine Untergruppe der Galloway Hills und verdankt ihren Namen der Ähnlichkeit mit den Fingern einer Hand. Vom Gipfel des Merrick aus

Abb. 1

ist der Mount Snowdon, der Berg, mit der besten Fernsicht auf den Britischen Inseln zu sehen. Die kürzeste Aufstiegsroute zum Mount Merrick beginnt am Parkplatz in Glen Trool. Die 11 Kilometer lange Wanderung auf dem Loch Trool ist relativ unkompliziert und eignet sich gut als Einstiegswanderung in die Galloway Hills. Der gut ausgebaute Wanderweg kann auch von Anfänger*innen bewältigt werden. Unterwegs gibt es immer wieder schöne Aussichten auf die hügelige Landschaft und den See. Ganz in der Nähe von Loch Trool befindet sich ein massiver Granitfelsen. Der sogenannte Bruce's Stone erinnert an den Ort, an dem im Jahr 1307 die Schlacht von Glen Trool stattfand und der damalige schottische König Robert the Bruce den Sieg über die englischen Truppen von Edward II. im Jahr 1307 errang. Loch Trool ist heutzutage ein beliebter Ort zum Sterne gucken. Die Gegend ist nachts einer der dunkelsten Plätze im Vereinigten Königreich sein und bietet aufgrund der sehr geringen Luftverschmutzung ausgezeichnete Voraussetzungen für die Beobachtung des nächtlichen Himmels. In wolkenlosen Nächten ist eine erstaunlich hohe Anzahl von Sternen zu sehen. In den Wintermonaten kann man am Loch Trool mit etwas Glück auch farbenprächtige Nordlichter beobachten. Ein idealer Ausgangspunkt für Wanderungen in der Region ist das Glentrool Besucher-Center.

min. 4-6h verschiedene Wanderrouten

#2

East Lothian Gegend entdecken

Im Südosten von Schottland liegt East Lothian. Die Gegend grenzt an die Hauptstadt Edinburgh. Entlang des Firth of Forth erstreckt sich eine wunderschöne Küstenlinie, die bis zu den Grenzen der Provinz Scottish Borders reicht. Die malerische Gegend mit ihren Stauseen, Flüssen und weitläufigen Moorlandschaften ist ein ideales Ausflugsziel zum Wandern, zum Beobachten von Wildtieren und zum Angeln. Kleine und größere Tiere können das ganze Jahr über in **East Lothian** in ihrer natürlichen Umgebung am Wasser, in Wäldern und auf den Wiesen beobachtet werden. Im Frühjahr, wenn die ersten Wildblumen wie Primeln, Schlehen

Abb. 2

und Glockenblumen erblühen, wirkt die Natur mit ihrer großartigen Farbenpracht wie ein bunter Farbteppich. Die bekannteste Vogelart, die in dieser Region nistet, sind die Basstölpel. In Spitzenzeiten halten sich bis zu 150.000 dieser gänsegroßen Meeresvögel aus der Familie der Tölpel auf dem Bass Rock auf. Weitere Seevögel, die im Sommer in East Lothian beheimatet sind, sind Seeschwalben, Papageientaucher und Eiderenten. Bei einer Bootstour bekommt man diese Vögel aus nächster Nähe zu sehen und vor die Kameralinse. Auf dem Weg zu ihrem Winterquartier im Süden überqueren bis zu 30.000 Rosafußgänse aus Brutgebieten in Island, Spitzbergen und Grönland kommend, die schottische Küste. In East Lothian sind die majestätischen rosagrauen Vögel mit rosafarbenem Schnabel und rosafarbenen Füßen ein Anblick, den man sich nicht entgehen lassen sollte. Die Rosafußgänse brüten zwar nicht in Schottland, allerdings überwintert jedes Jahr eine große Anzahl dieser Vögel hier. Ab Oktober sind die ersten rosafarbenen Gänse in der Aberlady Bay zu beobachten. Bei Strandspaziergängen in East Lothan begegnet man einem besonderen Meeresbewohner. Die grün-schwarze Strandkrabbe hält sich bevorzugt an der Küste auf. Zwischen Hoch- und Niedrigwasser wird diese Krabbenart, die an ihren gestielten Augen und fünf dunklen Punkten auf jeder Seite des Panzers erkennbar ist, aktiv. Da die Strandkrabbe mit einer scharfen Zange ausgestattet ist, sollte das Krabbeltier nur vorsichtig angefasst werden. Mit ihrem hundeähnlichen Gesicht und den großen braunen Augen wirkt die Kegelrobbe niedlich und liebenswert. In Großbritannien lebt circa 40 Prozent der gesamten weltweiten Kegelrobbenpopulation, die meisten davon sind in schottischen Gewässern anzutreffen.

2-3h

#3

Dumfries – auf den Spuren des Dichters Robert Burns

Das Städtchen Dumfries, im schottisch-gälischen Dialekt als „Dùn Phris" bezeichnet, ist Verwaltungssitz der südschottischen Region Dumfries und Galloway. Die historische Marktstadt, besser bekannt unter Spitznamen „Königin des Südens", erstreckt sich zu beiden Seiten des Flusses Nith. An beiden Ufern gelegene Stadtteile sind durch malerische rotbraune Sandsteinbrücken miteinander verbunden. Die schönste ist die Devorgilla Bridge, die seit dem Mittelalter in Betrieb ist. Das Old Bridge House beherbergt ein kleines Heimatmuseum. Die ehemalige königliche Pfalz **Dumfries** besitzt für die Geschichte Schottlands eine besondere Bedeutung. Der Hintergrund ist die Beziehung zum schottischen Nationaldichter Robert Burns. Dieser schottische Poet verfasste zahlreiche Gedichte, Lieder und politische Texte und erlangte damit internationale Berühmtheit. In Dumfries verbrachte der Dichter (1759 – 1796) die letzten Jahre seines relativ kurzen Lebens. Das ehemalige Wohnhaus Robert Burns, das mittlerweile in ein Museum umgewandelt wurde, ist die wichtigste Sehenswürdigkeit der Stadt. Die beiden Lieblingspubs des Nationaldichters, „The Globe Inn" sowie das „Hole i´the Wa´" existieren bis zum heutigen Tag und befinden sich an der High Street. Beerdigt wurde der berühmte Poet in Dumfries auf dem Friedhof an der St Michael´s Church. Dort hat man einst ein beeindruckendes Mausoleum zu Ehren von Robert Burns errichtet. Zu den schönsten Burns-Darstellungen in Schottland zählt das Denkmal, das sich vor der Greyfriars Kirk in Edinburgh befindet.

Robert Burns war nicht der einzige mit dem Vornamen „Robert", der seinen historischen Fußabdruck im Städtchen Dumfries hinterließ. Beim Kampf um den schottischen Thron ermordete der Schottenkönig Robert the Bruce seinen Rivalen John Gomyn, Earl of Badenoch im Jahr 1306 in der Franziskanerkirche. An das schreckliche Ereignis erinnert heute noch eine Plakette an der Castle Street. Beim Rundgang durch Dumfries begegnet man nicht nur der Geschichte Schottlands, sondern gelangt über kleine Gassen zu beschaulichen Vierteln. Dumfries ist ein idealer Ausgangspunkt für Ausflüge in den schottischen Südwesten.

Abb. 3

2-3h

#4

St. Abbs – malerisches Küstendorf mit spektakulärem Leuchtturm

Fährt man an der schottischen Ostküste entlang, gelangt man in eine Gegend mit bezaubernder Natur. **St. Abbs** ist ein malerisches Küstendorf, das für seinen geschäftigen Fischereihafen bekannt ist. Am Hafen ist eine kleine, aus sechs Hummerbooten bestehende Fischereiflotte beheimatet. Vor der Küste werden täglich Hummer und Taschenkrebse, die in Schottland als „Poos" bezeichnet werden, gefischt. Vom Hafen aus werden verschiedenste Wassersportmöglichkeiten und andere Aktivitäten angeboten. Man kann tauchen, Meeresangeln, an Bootsausflügen zur Vogelbeobachtung sowie an Schiffstouren entlang der Küste teilnehmen. Der wunderschöne Hafen von St. Abbs war die Filmkulisse für den Science-Fiction-Actionfilm Avengers Endgame. Es ist möglich, die Rettungsbootstation St. Abbs Head zu besuchen und sich das fiktive Pub „The Cormorant and Tun", dass im Endgame Filmdrama eine wichtige Rolle spielt, anzusehen. Der ruhige Ort St. Abbs bietet einen angenehmen Ausgleich zum hektischen Stadtleben. Dazu trägt auch die abgelegene Lage in einer zerklüfteten Umgebung, die von Klippen umrahmt wird, bei. Unweit der Kleinstadt befindet sich das St. Abbs Head National Nature Reserve. Das Naturschutzgebiet umfasst eine Fläche von rund 78 Hektar. Dieses Areal besteht hauptsächlich aus der Küstenlinie mit steilen, bis zu 90 Meter über das Wasser ragenden Klippen. Die einzigen „Bewohner", die dort anzutreffen sind, sind die Seevögel. Der Blick von der Spitze der Klippen auf die Küste von Berwickshire ist spektakulär. Geht man den Küstenweg weiter entlang, erreicht man das St. Abbs Lighthouse. Der Leuchtturm ist das Wahrzeichen der kleinen Gemeinde und ermöglicht beeindruckende Ausblicke über das Meer und die Küstenlandschaft. Der Wanderweg entstand im Jahr 1857 und befindet sich exakt am südlichen Eingang zum Firth of Forth. Auf der Rundwanderstrecke sind mit etwas Glück allerlei Tiere zu sehen. Südlich von St. Abbs liegt die bei Surfern sehr beliebte Coldingham Bay. Der geschützte Sandstrand im Meeresschutzgebiet von St. Abbs erstreckt sich über einen Kilometer. In den Felspools können Einsiedlerkrebse beobachtet werden.

Abb. 4

3h

New Lanark – UNESCO Weltkulturerbe

New Lanark ist ein besonderer Ort. Gegründet wurde dieser zum UNESCO-Welterbe zählende Platz vom schottischen Industriellen, Kaufmann und Philanthropen David Dale Ende des 18. Jahrhunderts. Als erfolgreicher Unternehmer, der sich in der Baumwollspinnerei engagierte, war Dale seiner Zeit voraus. Der Gründer der **Baumwollspinnereien in New Lanark** sorgte für soziale Arbeitsbedingungen, die den üblichen Standard im Vereinigten Königreich übertrafen. Später bemühte sich Robert Owen, ein Textilfabrikant, Philanthrop und Sozialreformer aus

Abb. 5

Wales um die Verbesserung der Arbeitsbedingungen in den Baumwollfabriken. Der Begründer des utopischen Sozialismus setzte sich für die Entstehung sozialistischer Gemeinschaften ein. Die von ihm veranlassten Sozialreformen umfassten die Gewährleistung eines 8-Stunden-Tags sowie die kostenlose medizinische Versorgung von Baumwollfabrikarbeiter*innen. Kinderarbeit wurde damals verboten. Fast zwei Jahrhunderte lang, von 1785 bis 1968, war die Baumwollfabrik in New Lanark in Betrieb. Zu einem bestimmten Zeitpunkt galt sie sogar als größte Industrieanlage weltweit. Heutzutage zieht die inzwischen geschlossene Fabrik Besucher aus der ganzen Welt an. Das restaurierte, preisgekrönte Fabrikdorf aus dem 18. Jahrhundert kann besichtigt werden. Es ist ein Beispiel dafür, wie die Lebens- und Arbeitsbedingungen von Arbeitnehmer*innen aussehen könnten. Die industrielle Revolution Großbritanniens hatte ihren Ursprung in der Region Glasgow. Die neuartige Industriesiedlung sorgte für Aufmerksamkeit, als die bis dahin üblichen Prügelstrafen abgeschafft, eine Pensionsversicherung für die Arbeiter eingerichtet und eine qualifizierte Schulbildung für deren Kinder geschaffen wurde. Dadurch wuchs auch die Produktivität und die Baumwollfabrik konnte wirtschaftliche Erfolge erzielen. Nach der Einführung sozialer Systeme entstand eine Dorfgemeinschaft mit Schule, Dorfladen, Bibliothek, einer Krankenstation und weiteren sozialen Treffpunkten. Die Anlage, die heute ein interessantes Museum mit regelmäßig wechselnden Ausstellungen und anderen Attraktionen ist, wurde 2001 in die Liste des UNESCO-Weltkulturerbes aufgenommen. Im multimedialen Besucherzentrum kann man sich über die Gründung und Entwicklung von New Lanark und die Geschichte dieses Ortes informieren. Eine eindrucksvolle audiovisuelle Show in Form einer Zeitreise stellt die Probleme, die im 18. Jahrhundert von Bedeutung waren, authentisch und realistisch dar. Die New Millennium Experience ermöglicht, hautnah mitzuerleben, unter welchen Bedingungen die Menschen damals lebten und arbeiteten.

1-2h

Caerlaverock Castle

Der Grundstein für die einzige dreieckige Wasserburg in Schottland wurde bereits im Jahr 1270 gelegt. **Caerlaverock Castle** ist vollständig von einem wassergefüllten Graben umgeben. Dadurch unterscheidet sich die imposante Wasserburg mit drei Ecken von anderen Adelsresidenzen der Region, die auf einem Felsen errichtet wurden. An der nördlichen Ecke von Caerlaverock Castle befindet sich das aus einem Doppelturm bestehende Torhaus. Die Burg mit ihren beeindruckenden Wehrgängen gilt als Inbegriff mittelalterlicher Festungen in Schottland. Obwohl von der einst mächtigen Wasserburg heute nur noch wenig übrig ist, sind der einzigartige dreieckige Grundriss sowie weitere Details der ehemaligen Konstruktion von Caerlaverock Castle gut erkennbar. Die Burg blickt auf eine jahrhundertealte Geschichte zurück. Im Laufe der Zeit kam es immer wieder zu Auseinandersetzungen und grenzüberschreitenden Konflikten mit England. Eine Ausstellung beschäftigt sich mit der Belagerung der Wasserburg. Zu sehen sind auch Rekonstruktionen mittelalterlicher Belagerungsgeräte. Die strategische Lage trug entscheidend dazu bei, dass Caerlaverock Castle zwar häufigen Angriffen ausgesetzt war, jedoch selten erobert wurde. Der einzige Zugang zur Burg konnte von den Doppeltürmen des Torhauses aus bewacht werden. Die mächtigen Wehrtürme boten zahlreichen Bogenschützen ausgezeichnete Verteidigungspositionen. Auch die Katapulte, die im Mittelalter als Kriegsgeräte zum Einsatz kamen, fanden dort Platz. Einige originalgetreue Nachbauten der Warwulf-Katapulte sind auf der

Burg ausgestellt. Die massiven Wallanlagen, die man damals rund um das Gewässer errichtete, hielten viele Angriffen stand. Der einzige Nachteil bestand darin, dass Caerlaverock Castle bei Belagerungen oder Angriffen von den dort stationierten Soldaten nicht verlassen werden konnte. Ihren Zweck, die Verkehrswege über die Flüsse Solway und Nith zu schützen und sicheren Handel zu ermöglichen, hat die Burg immer erfüllt. Nach der Erkundung von Caerlaverock Castle kann man in der Teestube auf dem Burggelände einen Tee oder Kaffee und leckere hausgemachte Backwaren genießen. Der Teesalon ist während der Sommersaison täglich und im Winter an den Wochenenden geöffnet. Für Kinder gibt es einen Abenteuerpark mit zahlreichen Aktivitäten. Am Caerlaverock Castle beginnt ein Naturlehrpfad, der durch den Wald bis zu den Ruinen einer anderen Burg führt.

Abb. 6

2h

#7

Loch Lomond – Bootstour über den größten See Schottlands

Mit 71 Quadratkilometern ist Loch Lomond flächenmäßig der größte See Schottlands und Großbritanniens. Seit Jahrhunderten inspirierte der idyllische, von grünen Wäldern und Hügeln umgebene See Dichter und Schriftsteller. Die Region um Loch Lomond zählt zu den schönsten Landschaften Schottlands. Inmitten des Trossachs Nationalparks gelegen, ist der See ein beliebtes Ausflugsziel, das nur 23 Kilometer von Glasgow entfernt und daher leicht erreichbar ist. Im **Loch Lomond** befinden sich etwa circa 30 Inseln, wovon einige im Privatbesitz und deshalb nicht zugänglich und andere ausschließlich bei geringem Wasserstand zu erreichen

Abb. 7

sind. Einige Loch Lomond-Inseln sind Naturreservate. Der See und die Inseln können im Kanu oder Kajak vom Wasser aus erkundet werden. Auch Jetski fahren ist möglich. Vom Boot aus sind Ruinen, malerische Schlösser und kleine Kirchen auf den Inseln zu sehen. Auf der Insel Inchconnach sind sogar Wallabys beheimatet. Diese kleine Känguruart gibt es sonst nur in Australien. Die Gegend am Loch Lomond ist ein beliebter Ort für Fahrradtouren. Am Westufer hat man deshalb den 28 Kilometer langen Fahrradweg West Loch Lomond Cycle Path angelegt. Unterwegs auf dieser Fahrradstrecke bieten sich beeindruckende Ausblicke auf den See und die wunderschöne Natur. Ein weiterer Radweg, der Millennium Forest Path, führt am Seeufer entlang und durch Eichenwälder. Die schönste Jahreszeit für einen Fahrradausflug am Loch Lomond ist das Frühjahr, wenn die Natur aus dem Winterschlaf erwacht und am Ostufer Mieren und Glockenblumen blühen. Man kann Eichhörnchen beobachten und bekommt Raubvögel wie Kornweihen und Bussarde zu sehen. Am Ostufer des Loch Lomond geht es ruhig und beschaulich zu. Dort verläuft auch der 40 Kilometer lange Wanderweg West Highland Way. Der Fernwanderweg beginnt in Milngavie, einer Kleinstadt im Flusstal des Allander. Das Städtchen Milngavie ist beliebter Ausgangspunkt für Wanderausflüge auf dem West Highland Way, der bis nach Fort William führt. Die Kleinstadt mit dem fußgängerfreundlichen Stadtzentrum besitzt einige Geschäfte und Restaurants. Im nahe gelegenen Mugdock Country Park kann man schöne Waldspaziergänge machen. In Milngavie befinden sich ein Bahnhof mit regelmäßigen Zugverbindungen nach Edinburgh und Glasgow sowie ein Busbahnhof, der von Buslinien nach Glasgow und Kirkintilloch angesteuert wird.

1,5-2h

#8

Kirkcudbright – Schottlands Künstlerstadt

Kirkcudbright ist eine idyllische Hafenstadt, in der seit mehr als hundert Jahren Maler und Kunsthandwerker ihre Ateliers und Werkstätten betreiben. Das Städtchen ist als Künstlerstadt Schottlands bekannt. Das Stadtbild wird durch pastellfarbene Häuser, kleine Geschäfte, Kunstgalerien und Kunsthandwerksbetriebe geprägt. Im Stadtzentrum befindet sich das ehemalige historische Rathaus aus dem 19. Jahrhundert, das mittlerweile die Kunstgalerie Kirkcudbright Galleries beherbergt. Im Broughton House & Garden sind Werke des schottischen Landschaftsmalers Edward Atkinson Hornel, besser bekannt als ‚Glasgow Boy', zu sehen. In **Kirkcudbright** finden regelmäßig Kunstausstellungen, Veranstaltungen zum Thema Malerei und Kunsthandwerk sowie viele weitere Aktivitäten statt. Eine davon ist das alljährlich, Ende Oktober stattfindende Food Festival mit lokalen Spezialitäten der schottischen Küche. Beim Country Fair, der Landmesse im Juli, wird Kirkcudbright von zahlreichen Ausstellern und Gästen aus dem In- und Ausland besucht. Alljährlich im August findet der Kirkcudbright Arts & Crafts Trail statt. Während der vier Tage dauernden Kunstmesse können Kunstateliers und Orte, die sonst nicht für Besucher*innen zugänglich sind, besichtigt werden. Die meisten Veranstaltungen auf dem umfangreichen Festival- und Veranstaltungskalender der Stadt sind kostenlos. Wer mit dem Auto anreist, findet vor Ort kostenfreie Parkmöglichkeiten. Die Kleinstadt besitzt auch einen Fischereihafen, der einen Besuch lohnt. Als Ausgangspunkt für Ausflüge in den Südwesten von

Schottland erfreut sich Kirkcudbright großer Beliebtheit. Man kann einen Tag am Strand verbringen, lange Strandspaziergänge sowie Fahrradtouren und Wanderungen entlang der Küste und in das hügelige Hinterland unternehmen. Gegründet wurde Kirkcudbright im Jahr 1455 ursprünglich als königliche Burg. Das Städtchen lebte schon immer vom Fischfang. Das Viertel hinter dem alten Hafen entwickelte sich zum Künstlerviertel, als sich vor mehr als einem Jahrhundert die ersten Maler und Kunsthandwerker dort niederließen. Zu den bedeutendsten Künstlern, die Kirkcudbright als Wahlheimat gewählt haben, zählten die Glasgow Boys sowie die schottischen Koloristen Francis Cadell und Samuel Peploe, die Begründer der Kirkcudbright Artists' Colony. Auf der anderen Seite des Flussufers entstand später eine zweite Künstlerkolonie, zu der in Glasgow ausgebildete Künstler wie Charles Lamont und Robert Sivell zählten. Im Jahr 1908 ließ sich der bekannte Landschaftsmaler Charles Oppenheimer ebenfalls in der Künstlerstadt nieder.

Abb. 8

2-3h

#9

Stirling Castle – Die Geschichte der Adelsresidenz

Auf halbem Weg zwischen Edinburgh, Glasgow und den Highlands befindet sich eine der bedeutendsten historischen Stätten Schottlands. Stirling Castle war früher eine von den Stewart-Königen und Königinnen bevorzugte Residenz. Auf der Burg wurden einst große Feste gefeiert. Wegen seiner zentralen Lage auf dem Schlossberg über der Altstadt von Stirling diente **Stirling Castle** als Schlüsselposition zur Verteidigung des schottischen Königreichs. Die viel umkämpfte Burg mit ihren stark gesicherten Toren ist nur von Süden her zugänglich. Stirling Castle ist von schönen, gepflegten

Abb. 9

Gärten umgeben. Bei einem Rundgang durch die ehemalige Adelsresidenz ist eine Ausstellung kostümierter Figuren zu sehen, die Diener, Leibwächter, Ehrenmädchen und Hofbeamte in ihrer damals üblichen Bekleidung darstellen. Kinder dürfen einige der historischen Kostüme anziehen und können mittelalterliche Musikinstrumente ausprobieren. Es besteht die Möglichkeit, an einer Führung mit einem Guide teilzunehmen und Interessantes über die Geschichte des Schlosses und seiner adligen Bewohner*innen zu erfahren. Zur Schlossanlage Stirling Castle zählen die königliche Kapelle Chapel Royal, die Great Hall sowie die Great Kitchens und das Tapestry Studio. Die meisten Gebäude wurden zwischen 1496 und 1583 errichtet. Es sind auch Gebäudeteile aus dem 14. Jahrhundert erhalten geblieben. Die Befestigungsanlagen von Stirling Castle stammen teilweise aus dem frühen 18. Jahrhundert. Neben der Burg kann auch ein nahes gelegenes Stadthaus aus dem 17. Jahrhundert, Argyll's Lodging, besichtigt werden.

Castle Rock

Schon seit dem 15. Jahrhundert ist Edinburgh die Hauptstadt Schottlands und seit 1999 auch Sitz des schottischen Parlaments. Die nach Glasgow zweitgrößte Stadt Schottlands ist die bedeutendste Metropole des Landes, ein beliebtes Reiseziel für Städtereisen und oft Ausgangspunkt für Rundreisen durch Schottland. Edinburgh besitzt eine schöne mittelalterliche Altstadt mit vielen historischen Sehenswürdigkeiten und eine Neustadt, die georgianische New Town, mit neoklassizistischen Bauwerken und großzügigen Gartenanlagen. Auf dem Castle Rock hoch über der Großstadt thront **Edinburgh Castle**. Das Wahrzeichen Edinburghs ist eine der bedeutendsten Sehenswürdigkeiten Schottlands. Die Burg, die zahlreichen Belagerungen standhielt, wurde mehrfach zerstört und anschließend wieder aufgebaut. Dadurch weist die Schlossanlage die Architektur unterschiedlicher Epochen auf. Erstmals urkundlich erwähnt wurde Edinburgh Castle im Jahr 1093. Das älteste erhaltene Gebäude ist die im 12. Jahrhundert errichtete St. Margaret's Chapel. Edinburgh Castle war während der Regentschaft der Stuarts eine der bedeutendsten Königsburgen Schottlands. Die bekannteste Herrscherin dieser Adels-Dynastie war die schottische Königin Maria Stuart. Die Herrscherin wurde nach ihrer 25 Jahre dauernden Regentschaft von Königin Elisabeth I., ihrer Großcousine, zur Abdankung gezwungen, gefangengesetzt und im Jahr 1587 enthauptet. Edinburgh Castle war königliche Residenz, Festung, Sitz einer Militärgarnison und Gefängnis. Einige Teile der Burg werden weiterhin militärisch genutzt, andere sind öffentlich zugänglich und können besichtigt werden. Das Herzstück des zum UNESCO-Weltkulturerbe zählenden Edinburgh Castle ist der „Stone of Scone". Dieser ehemalige Krönungsstein schottischer Könige soll aus piktischer Zeit stammen. Die Pikten gelten als geheimnisvolles schottisches Urvolk, das in den ersten Jahrhunderten unserer Zeitrechnung über weite Teile Schottlands herrschte. Überlieferungen zufolge soll es sich um Krieger aus der Region gehandelt haben. Beim Eintreten in das Edinburgh Castle sieht man die vergoldeten Initialen MAH über der Tür zum Palast. Die Namenszeichen weisen auf Maria, Königin der Schotten hin, die mit ihrem zweiten Ehegatten Henry Stewart, Lord Darnley im Schloss residierte und die Mutter von König James VI. ist, der im Jahr 1603 die beiden Königreiche Schottland und England vereinte. Da Edinburgh Castle ein „Muss" bei einem Schottland-Urlaub ist, ist mit hohem Besucheraufkommen zu rechnen. Eintrittskarten sind häufig im Voraus ausverkauft, sodass es ratsam ist, Tickets vorab online zu erwerben.

Abb. 10

1h

#11

Dean Village – idyllisches Stadtviertel von Edinburgh

Dean Village ist ein Stadtteil von Edinburgh, der nur wenige Gehminuten vom Stadtzentrum entfernt ist. Das gemütliche Dorf mit seinen Gebäuden aus dem 19. Jahrhundert, einem Museum und gepflegten Gärten in idyllischer Lage am Ufer des Leith ist ein beliebtes Ausflugsziel. Bei einem Spaziergang entlang des Flussufers kann man die Ruhe dieses Vorortes genießen und der lebhaften Atmosphäre der Großstadt Edinburgh entkommen. Mehrere Jahrhunderte lang war **Dean Village** nur ein Dorf im Nordwesten Edinburghs, das allerdings aufgrund seiner Getreidemühlen als Kornkammer der schottischen Hauptstadt diente. Die Lage der Mühlen am Fluss Leith erleichterte den Transport des gemahlenen Getreides enorm. Erst in den 1970-er Jahren, als der Wohnraum in Edinburgh knapp und teuer wurde, hat man das Dorf als ruhige und günstige Wohngegend entdeckt. Heute zählt Dean Village zu den gehobenen Wohngegenden der schottischen Hauptstadt. Zu sehen sind vor allem malerische Häuser an den Ufern des Flusses Leith. Das bekannteste Bauwerk ist der kürzlich restaurierte Well Court. Das Gebäude aus den 1880-er Jahren diente ursprünglich als Musterhaus für örtliche Arbeiter. Als Ausgangspunkt für einen entspannten Spaziergang durch den Ort bietet sich der Water of Leith Walkway an, der auf einer Länge von 12 Meilen (19,3 Kilometer) entlang des Flusses Leith führt. Hin und wieder kann der Fluss über eine kleine Brücke überquert werden. Am Ortsausgang von Dean Village befindet sich der klassizistische Tempel St. Bernard's Well. Das am Flussufer des Leith gelegene Bauwerk aus dem 18. Jahrhundert ist ein Brunnen, der von einer natürlichen Quelle gespeist wird. Dem Wasser werden heilende Kräfte zugeschrieben. Überlieferungen zufolge wurde die Heilquelle um 1760 von Schuljungen, die im Leith fischen wollten, zufällig entdeckt. Etwa zwei Jahrhunderte lang wurde der St. Bernhard-Brunnen von Dorfbewohnern und Reisenden aus anderen Teilen Schottlands aufgesucht, um das „heilsame Wasser" zu trinken. Damals glaubte man an die Heilkräfte des mineralhaltigen Quellwassers, die jedoch wissenschaftlich nicht belegt sind. Das Innere der Brunnenanlage kann besichtigt werden, allerdings ist der Bereich nur an bestimmten Tagen für die Öffentlichkeit zugänglich. Der Innenraum verfügt über eine dekorative Mosaikdecke, deren Motive an römische Tempel erinnern. Nur wenige Fußminuten vom Dean Village entfernt befinden sich einige klassische Gebäude, die mittlerweile zu Kunstgalerien umgebaut sind und die Dean Gallery sowie die Gallery of Modern Art beherbergen.

Abb. 11

6h

#12

Edinburgh – Hauptstadt Schottlands

Die Vergangenheit Edinburghs ist durch dunkle, geheimnisvolle Ereignisse geprägt. Geschichten über Grabräuber und Mörder werden heute noch erzählt. Die unheimliche Seite der schottischen Hauptstadt zu entdecken, zählt zu den beliebtesten Aktivitäten in Edinburgh. Unter dem Stadtteil New Town befinden sich eine Vielzahl von Katakomben und unterirdischen Gängen. Diese besonderen Highlights können auf einer geführten Tour erkundet werden. Die **Edinburgh Vaults**, besser bekannt als South Bridge Vaults, sind unterirdische Gewölbe, die im 18. Jahrhundert entstanden. Diese Kammern liegen tief unter der Stadt. Während eines Rundgangs mit einem erfahrenen Guide werden dunkle und fast in Vergessenheit geratene Orte besucht. Die Kammern befinden sich unter den belebtesten Straßen von Edinburgh. Zu sehen sind unter anderem ehemalige Behausungen einfacher Arbeiter, ausgegrabene Lagerräume sowie Tavernen mit Weinkeller. Der historische Nachmittagsspaziergang führt durch die Gewölbe der South Bridge. Die meisten der dunklen Kammern befinden sich unter den 19 Bögen der Südbrücke. Als unterirdische Erweiterungen der bekannten Altstadt von Edinburgh zählen die düsteren Tunnelgänge zu den wichtigsten historischen Sehenswürdigkeiten der schottischen Hauptstadt. Die Edinburgh Katakomben-Tour wird gern als „Rundgang des Schreckens" bezeichnet. Der einstündige Rundgang ermöglicht, die Lebensbedingungen der Menschen in früheren Jahrhunderten zu entdecken. In den Gewölben hielten sich vor allem Arme und Obdachlose auf, während die besser betuchte Bevölkerungsschicht in den georgianischen Stadthäusern lebte. Für Reisende sind die Old Town und New Town Edinburghs sehr interessant, da diese Stadtviertel zentral gelegen und alle wichtigen Sehenswürdigkeiten gut erreichbar sind. Die schwach beleuchteten Räume, die während der Katakomben-Führung besucht werden, erzählen eine düstere Geschichte. Dunkle Gänge und Nischen gelten heute noch als Spukorte, an denen sich Hexen und andere merkwürdigen Gestalten aufgehalten haben sollen. Die Verfolgung von Hexen, Morde aus finanziellen Gründen sowie paranormale Ereignisse beschreiben die dunkle Seite der Hauptstadt Schottlands, die ansonsten für ihre beeindruckende Architektur bekannt ist. In den gespenstisch wirkenden Gewölben befindet sich eine Folterausstellung mit diversen Folterinstrumenten, deren Nutzung erklärt wird. Die Katakomben-Tour, die ausschließlich für Erwachsene vorgesehen ist, bietet Nervenkitzel und spannende Einblicke in die Lebensweise der Menschen. Klaustrophobisch sollte man nicht sein, denn während der Untergrundführung bewegt man sich in engen und dunklen Gängen.

Abb. 12

2h

#13

Nationalmuseum Schottland

Das National Museum of Scotland, das mehr als 20.000 einzigartige Artefakte beherbergt, gilt als wichtigste kulturelle Sehenswürdigkeit in Edinburgh. Ähnlich wie in den meisten Museen des Landes ist der Eintritt frei. Im schottischen Nationalmuseum befinden sich Ausstellungsstücke aus dem alten Ägypten sowie Relikte moderner Technologie. Im Jahr 1998 hat man das Museum of Scotland und das Royal Museum zu einem einzigen Museum zusammengefasst. Die beiden Museumsgebäude in der Chambers Street prägen das Stadtbild. Aufgrund ihrer verschiedenen thematischen Ausrichtungen und ihrer unterschiedlichen Baustile werden beide Museen jedoch nur selten als Einheit wahrgenommen. Das Royal Museum ist in einem Neorenaissance-Gebäude untergebracht. Dieses Bauwerk entstand nach Plänen des Architekten Francis Fowke. Die lichtdurchflutete Eingangshalle, eines der besonderen architektonischen Merkmale des Gebäudes, erinnert an die Halle des Londoner Crystal Palace. Ausstellungsstücke wie die altägyptischen Objekte und ein Walskelett zählen zu den Highlights. Außerdem sind im Royal Museum der präparierte Körper des geklonten Schafs Dolly sowie in der Abteilung für moderne Kunst ein Anzug des Komponisten und zweifachen Oscar-Preisträgers Elton John zu sehen. Dem Museum angeschlossen ist ein Learning Centre, in dem in regelmäßig stattfindenden Workshops verschiedene Lernmethoden in den Bereichen Technik, Geologie und Tierwelt ausprobiert werden können. Das **Nationalmuseum von Schottland** ist in die Bereiche Archäologie, Geologie, Geschichte, Kultur, Natur und Technologie unterteilt. Unter den Ausstellungsobjekten befinden sich piktische Steine, keltische Ornamente sowie Relikte aus der Römerzeit. Kinder können historische Kostüme anprobieren, Dinosaurierskelette suchen und in einem Formel-1-Rennwagen Platz nehmen. Darüber hinaus können sie an verschiedenen wissenschaftlichen Experimenten teilnehmen. Schottlands Nationalmuseum ist in einem modernen Sandsteingebäude untergebracht. Die prägnante Rotunde erinnert einen typischen schottischen Broch. Mit dem runden Turm wirkt das Bauwerk wie eine Burganlage. Das schottische Nationalmuseum beschäftigt sich mit der Geschichte Schottlands, die von der ersten Besiedlung bis in das gegenwärtige Jahrhundert dokumentiert wird. In der Kunstabteilung sind Skulpturen des Künstlers Andy Goldsworthy und Gemälde der Malerin MacDonald Mackintosh zu sehen. Einer der wichtigsten Ausstellungsgegenstände im Nationalmuseum ist der Original-Wegstein aus Bridgeness. Es handelt sich dabei um die größte Steinskulptur der römischen Grenze, die sehr aufwendig gestaltet wurde. Für Dauerausstellungen beider Museen wird kein Eintritt erhoben, kostenpflichtig sind lediglich die regelmäßig wechselnden Sonderausstellungen.

Abb. 13

1,5h

#14

Roslyn Kapelle

Einige Kilometer südlich von Edinburgh steht eine der schönsten schottischen Kirchen. Die **Roslyn Chapel** zählt zu den ältesten noch erhaltenen Kapellen Schottlands. Sie gilt als historisches Bauwerk und aufgrund ihrer langen Geschichte als symbolträchtig und sagenumwoben. Weltweit bekannt wurde die Roslyn Chapel durch den Bestseller „The Da Vinci Code – Sakrileg" des US-amerikanischen Schriftstellers Dan Brown, in dem diese Kapelle eine wichtige Rolle spielt. Ein Besuch der Roslyn Chapel lässt sich mit einer Besichtigung der Ruinen von Rosslyn Castle und einem Spaziergang durch Roslin Glen verbinden. Die Kapelle von Rosslyn gilt als Meisterwerk aus Stein und war bis zur Veröffentlichung des Da-Vinci-Code-Romans ein wohlbehütetes Geheimnis. Die große Schatzsuche, die im Buch thematisiert wird, ist jedoch reine Fiktion. Durch die Verfilmung des Buches hat sich in der ehemals ruhigen Gegend viel verändert. Seit 2006 ist die Roslyn Chapel eines der meistbesuchten Sehenswürdigkeiten im Großraum Edinburgh. Die Kapelle entstand im 15. Jahrhundert auf Anordnung des ersten Earl of Caithness. Die Familie von William St. Clair, die sich später Sinclair nannte, führt ihre Abstammung auf normannische Ritter zurück. Überlieferungen zufolge sollen die Vorfahren der Adligen im Gefolge von Wilhelm dem Eroberer nach Schottland gelangt sein. Die Besonderheit der Rosslyn Chapel besteht darin, dass Steinmetze aus ganz Europa an diesem kirchlichen Bauwerk mitgewirkt haben. Zu sehen ist dies an den verschiedenen Ornamenten und Verzierungen, die unterschiedliche Stilrichtungen aufweisen. Manche Symbole wurden erst bei der letzten Renovierung in Mitte des 19. Jahrhunderts hinzugefügt. Ein sehr bemerkenswertes Dekor ist die Meister- oder Lehrlingssäule, die den Baum des Lebens darstellt. Die eigentliche Bezeichnung der Kapelle lautet: The Collegiate Church of Saint Matthew. Geplant war ursprünglich eine Kirche, nach dem Tod Sir Williams im Jahr 1484 wurden die Bauarbeiten jedoch eingestellt. Dennoch ist mit der Errichtung der Rosslyn Chapel ein architektonisches Meisterstück gelungen. Es gibt kaum eine andere Kirche in Schottland, die mit so vielen Symbolen und Mustern verziert ist. Unterhalb der Kapelle befindet sich eine Krypta, die früher über eine Treppe zugänglich war. Da der Zugang seit Langem versiegelt ist, wird seitdem spekuliert, was außer den Gräbern der Sinclair-Familie dort aufbewahrt werden könnte.

1-2h

#15

St. Mungo's Kathedrale in Glasgow

Nach der Hauptstadt Edinburgh ist Glasgow die zweitwichtigste Stadt Schottlands. Die moderne, dynamische Großstadt wurde bereits mehrfach als „Stadt der Architektur und des Designs", „Stadt der Kultur" sowie „Stadt des Sports" ausgezeichnet. Das berühmteste Monument in Glasgow ist die St. Mungo's Cathedral, die auch High Kirk of Glasgow genannt wird. Die majestätische **Kathedrale von Glasgow** thront auf einem Hügel im Stadtviertel East End. Das große gotische Bauwerk wurde im 12. und 13. Jahrhundert errichtet. Die Erbauung der Mungo's Cathedral ist auf St. Mongo, den ersten Bischof von Glasgow zurückzuführen, dessen Grabmal sich in der Krypta unter der Kathedrale befindet. Der heilige Mungo ist der Schutzpatron von Glasgow. Dem Leben und Wirken des Geistlichen, der einer wichtigen Familie aus Lothian entstammt, ist das St. Mungo Museum of Religious Life and Art hinter der Kathedrale gewidmet. Zahlreiche bedeutende Persönlichkeiten Schottlands sind auf dem gegenüberliegenden Necropolis-Friedhof bestattet. Mit einer Höhe von 21 Metern ist das Grab-Denkmal für den schottischen Reformator und Mitbegründer der Presbyterianischen Kirchen, John Knox, das größte und beeindruckendste von mehr als 3.500 Grabmälern auf dem 37 Hektar großen Gelände. Im Jahr 1836 wurde die Brücke, die St. Mungo's Cathedral mit dem Friedhof verbindet, eingeweiht. Die Kathedrale von Glasgow gehört zu den wenigen mittelalterlichen kirchlichen Bauwerken, die nie zerstört wurden. Sie steht an einem

Platz, an dem der Überlieferung zufolge der Heilige Mungo um das Jahr 600 eine Kapelle errichtet haben soll. Die heutige Altstadt entstand daraufhin in der Nähe dieses Gotteshauses. Das moderne Glasgow ist nicht nur für seine Sehenswürdigkeiten, sondern auch für seine vielfältige Gastronomie bekannt. Zu den schottischen Leckereien zählen die Shortbreads. Die Kekse werden gern zum Tee oder Kaffee konsumiert. Das schottische Nationalgebäck sind die Shortbread Fingers, die aus simplem Mürbeteig bestehen. Ein weiteres traditionelles Lebensmittel ist der Haferkuchen, der hauptsächlich aus Haferflocken, Mehl und Hefe besteht. Seit dem 13. Jahrhundert, als die ersten Haferflockenpasteten auf heißen Metallplatten zubereitet wurden, ist der Haferkuchen ein traditionelles Essen in Schottland. Die Kathedrale von Glasgow befindet sich im Osten des Stadtzentrums an der Castle Street. In der Nähe gibt es einige Kneipen, Brauereistuben, Pubs und Restaurants, die lokale Küche servieren.

Abb. 14

2h

#16

Kelvingrove Kunstgalerie und Museum

Die Kelvingrove Art Gallery and Museum ist einer der meistbesuchten Kunsttempel der Welt. Das größte Museum von Glasgow, das zugleich eine bedeutende Kunstgalerie ist, beherbergt circa 8.000 Ausstellungsstücke. Die Kunstobjekte reichen von Gemälden berühmter Künstler wie Salvador Dalí bis zum Modell des Spitfire-Jagdflugzeuges LA198 von 1944. Des Weiteren sind Gemälde schottischer Koloristen, niederländischer Maler und französischer Impressionisten in der Art Gallery Kelvingrove zu sehen. Besondere Highlights sind ein riesiger ausgestopfter asiatischer Elefant, der Sir Roger genannt wird, Dinosaurierskelette sowie die Waffen- und Rüstungssammlung. Das Kelvingrove Kunstmuseum besitzt die älteste vollständige Plattenrüstung der Welt. Seit 1959 hat die Kunstgalerie ihren eigenen Bienenstock. Den kunstvollen Wabenbau sowie dessen Innenleben kann man live erleben. Damit sich Kinder nicht langweilen, werden speziell auf diese Altersgruppe abgestimmte Aktivitäten angeboten. Das Kunstmuseum, das an den Kelvingrove Park grenzt, befindet sich in unmittelbarer Nähe des Hauptcampus der Glasgow University auf dem Gilmorehill. Kunst für jedermann anzubieten, ist das Motto der **Kelvingrove Art Gallery und Museum**. Um allen Menschen einen Besuch zu ermöglichen, wird auf Eintrittsgebühren verzichtet. Erwähnenswert ist die freundliche, offene Atmosphäre, die Kelvingrove zu einem Ort der Begegnung macht. Das aus orangerotem Sandstein bestehende Bauwerk im Barockstil wurde im Jahr 1901 errichtet und anlässlich der vierten Glasgow International Exhibition eröffnet. Regelmäßig wechselnde Ausstellungen und Veranstaltungen dienen dem Zweck, die schottische Kultur international bekanntzumachen. Das Kunstmuseum wird durch den Hauptgang an der Argyle Street betreten. Nach dem Öffnen der schweren Flügeltüren gelangt man in eine lichtdurchflutete große Halle, an deren Decke gewaltige Leuchter hängen. Die mächtige Orgel an der gegenüberliegenden Seite der Eingangshalle wird täglich zur Mittagszeit genutzt, um regionale Musikstücke zu spielen. Erklärungen über dieses spezielle Musikinstrument gibt es jeden Freitag im Rahmen einer Führung vom Organisten. Zweimal täglich werden kostenfrei geführte Rundgänge durch die Ausstellungen angeboten. Das renovierte Bauwerk ist selbst eine Attraktion. Insgesamt sind 22 thematische Galerien und Ausstellungen im Kelvingrove Art Gallery and Museum untergebracht. Außerdem können die Bibliothek und das Studienzentrum zum Recherchieren und um mehr über die Kunstsammlungen des Glasgow Museums zu erfahren, genutzt werden. Neben berühmten Exponaten verfügt das Kelvingrove Museum über ein gemütliches Café, ein Restaurant und einen Geschenkeladen.

Abb. 15

15 U-Bahn Stationen

#17

Subcrawl – Pubtour durch Glasgow

Glasgow ist für sein vielfältiges Nachtleben bekannt. In der größten Stadt Schottlands befinden sich eine Vielzahl Bars, Pubs, Clubs, Diskotheken und andere Eventlocations. Für eine Kneipentour (Pub Crawl), bei der es von Kneipe zu Kneipe geht, wird meistens die U-Bahn, „Sub" genannt, als Verkehrsmittel genutzt. Aus den beiden Bezeichnungen „Sub" für U-Bahn und (Pub)-Crawl für Kneipentour entstand der Begriff „Subcrawl". Diese typische angelsächsisch-schottische Tradition besteht darin, an einem Abend mehrere Bars, Whiskybars, Pubs, Kneipen und Handwerksbrauereien aufzusuchen und dort etwas zu trinken. Ein beliebtes **Ausgehviertel in Glasgow** ist die Ashton Lane mit ihren vielen Pubs, Bars und Gaststätten. Im Finnestion-Viertel haben sich Restaurants der gehobenen Gastronomie niedergelassen. Trendige Weinbars und Clubs mit Live-Musik befinden sich in der Merchant City. Während in traditionellen Pubs vorwiegend schottische Volksmusik zu hören ist, veranstalten Studentenkneipen Open-Mic-Abende und bedeutende Künstler*innen treten in der Glasgow Royal Concert Hall auf. Typisch für Schottland ist der „Ceilidh", ein Musik- und Tanzfest, bei dem traditionelle Tänze aufgeführt werden und die Zuschauer mittanzen. Ceilidhs werden von zahlreichen Nachtclubs in Glasgow organisiert. Das Nachtleben spielt sich vor allem im Stadtzentrum, in der Market City und im West End ab. Das Zentrum von Glasgow liegt zwischen der Buchanan Bus Station und den beiden Hauptbahnhöfen. Bei einer Kneipentour werden gern lokale

Biersorten oder schottischer Whisky konsumiert. Besonders beliebt ist Single Malt Whisky, der aus einer einzigen Sorte destilliert und hergestellt wird. Ein aus einem Fass abgefüllter Single Malt Whisky wird als „Single Cast Whisky" bezeichnet. Je älter der Whisky ist, umso besser ist das Getränk. Ein weiterer Longdrink ist Gin, der in Schottland größter Stadt sehr beliebt sind. Manche Lokale bieten eine große Auswahl verschiedener Gin-Sorten an. Außerdem gibt es in Glasgow spezielle Gin-Masterclasses, in denen beim Gin-Tasting die Herstellung des Wacholdergetränks erklärt wird. Die meisten der über fünfzig Nachtclubs haben jeden Abend geöffnet. Bekannte DJs präsentieren ein abwechslungsreiches Musikprogramm. Das Nachtleben in Glasgow ist unterhaltend, skurril, cool oder aufregend, aber niemals langweilig. Für Reisende, die abends gern unterwegs sind, ist eine Unterkunft im Stadtzentrum eine gute Option. Wer es ruhiger mag, sollte bei der Hotelsuche den Stadtrand oder die Vororte in Betracht ziehen.

Abb. 16

1h

#18

City Centre Mural Trail – die berühmte Straßenkunst

Graffitis haben in Schottland Tradition. Die ersten Werke mit politischen Inhalten verschwanden im vergangenen Jahrhundert ebenso schnell wie sie entstanden. Straßenkunst wirkt durch Kreativität und Fantasie. In Glasgow schmücken mittlerweile so viele Kunstwerke karge Wände, Häuserfassaden und Ecken, dass es im Stadtzentrum einen Wandmalerei-Pfad gibt. Auf dem City Centre Mural Trail gelangt man zu einzigartigen Werken bekannter Straßenkünstler wie Art Pistol, Ali Wyllie und Ejek. In New Wynd befinden sich Kreationen wie der Spaceman von Wyllie und Recoat, während an der Cowcaddens-Unterführung die Shadow Puppets von Rogue-One zu sehen sind. Folgt man dem Pfad der Wandmalerei, entdeckt man berühmte Straßenkunst in der Ingram Street ebenso wie bunte Wandbilder in der Clyde Street. Street Art wird in Glasgow gefördert, da die Malereien an Wänden und Straßen dazu beitragen, das Stadtbild zu verjüngen. Alt und ungepflegt wirkende Gebäude erhalten durch bunte Farbenspiele ein frisches Aussehen. Schöne Kunstwerke sind daher ausdrücklich erwünscht. In Glasgow entstanden die ersten Straßenmalereien bereits im Jahr 2008. Seitdem hat sich in den einzelnen Stadtvierteln viel getan. Innovative Straßenkunst setzt Akzente, belebt Gassen und Straßen und trägt dazu bei, dass das Stadtzentrum einladender wirkt. Da sich die meisten Kunstwerke im Zentrum befinden, ist ein Spaziergang auf dem **City Centre Mural Trail** eine gute Gelegenheit, die Innenstadt von Glasgow kennenzulernen. Die

Straßenkunst hat sich inzwischen zu einem vielseitigen Projekt entwickelt, das eine Bereicherung darstellt. Vor einigen Jahren entstand durch eine Initiative des Glasgower Stadtrats der City Centre Mural Fund. Straßenkünstler und Künstlerinnen können sich beim Fonds für Wandmalereien bewerben, um ihre Werke an Häuserwänden zu verewigen. Es werden ständig Entwürfe für neue Werke eingereicht, damit die Innenstadt noch bunter und schöner wird. Straßenkunst gehört zu den Top-Attraktionen der schottischen Großstadt. Die Street-Art-Werke sollen inspirieren, zum Nachdenken oder zum Schmunzeln anregen. Es gibt zwar noch keine speziellen Street-Art-Galerien, dennoch verfügt Glasgow neben fantasievoller und origineller Straßenkunst auch über zahlreiche Kunstgalerien, Kunstmuseen und künstlerische Werkstätten. Die Gallery of Modern Art in Glasgow ist sogar die am weithäufigsten besuchte Sehenswürdigkeit in Großbritannien. In der Galerie der modernen Künste am Royal Exchange Square im Stadtzentrum werden stets neue Gemälde und Skulpturen gezeigt.

Abb. 17

Loch Ness

Nach Loch Lomond ist Loch Ness der zweitgrößte Süßwassersee Schottlands. Der See im Great-Glen-Tal ist das am meiste besuchte Ausflugsziel in den schottischen Highlands. Diese Popularität verdankt der wunderschöne See nicht nur seiner Lage inmitten der Natur oder der etwa 37 Kilometer entfernten größten Highlands-Stadt Inverness, sondern einem unbekannten „See-Ungeheuer". Bislang bekam noch niemand das berühmte **Ungeheuer von Loch Ness**, um das sich viele Sagen und Mythen ranken, zu Gesicht. Dabei soll es sogar eine Belohnung von immerhin 20.000 britischen Pfund (etwa 22.410,34 Euro, Stand: April 2023) für denjenigen geben, dem es gelingt, das See-Ungeheuer zu fangen.

Abb. 18

Die geheimnisvolle Erscheinung, die den Spitznamen „Nessie" trägt, sorgte erstmals im Jahr 1933 für Aufmerksamkeit. Damals erschien in der lokalen Tageszeitung, dem Inverness Courier vom 2. Mai 1933, ein Artikel über einen „walartigen Fisch" oder eine große „Bestie", die im Loch Ness herumschwimmen würde. Im Zeitungsartikel beruft man sich auf eine Sichtung eines schottischen Ehepaars vom 15. April 1933. Das Ungeheuer von Loch Ness wurde rasch zu einem Medienphänomen. Führende Londoner Zeitungen entsandten ihre Korrespondenten nach Schottland. Bald kannte die ganze Welt die Geschichte vom Seeungeheuer. Die Wasseroberfläche des Süßwassersees, der an seiner tiefsten Stelle immerhin 230 Meter tief ist, liegt 6 Meter über dem Meeresspiegel. Loch Ness ist somit nach Loch Moar Schottlands zweittiefster See. Da der See außerordentlich tief ist, führt er das größte Wasservolumen aller Seen in Schottland. In dem zu den fischreichsten Gewässern Großbritanniens zählenden Süßwassersee tummeln sich Aale, Lachse, Forellen, Stichlinge und Hechte. Aufgrund der extremen Tiefe ist der See zum Schwimmen jedoch nicht geeignet. Außerdem ist das Wasser das ganze Jahr über sehr kalt, sodass eine Unterkühlung die Folge wäre. Loch Ness ist ein überaus mysteriöser und ein wunderschöner Ort, der sich inmitten des schottischen Hochlands und zahlreichen miteinander verbundenen Gewässern befindet. Ab Fort Augustus, Inverness und Drumnadroch werden Nessie-Bootstouren, bei denen die hügelige Landschaft vom See aus zu sehen ist, angeboten. Vielleicht taucht dabei auch das berühmte Ungeheuer auf. Immerhin gibt es bereits mehr 1.000 Augenzeugenberichte und Sichtungen, die eine Existenz des Seeungeheuers von Loch Ness belegen sollen!

2-4h

#20

Cairngorms Nationalpark

Der größte Nationalpark in Großbritannien ist der Cairngorms National Park in Schottland. Zwischen den Städten Inverness und Perth gelegen, umfasst die Fläche des Naturparks circa 4.528 Quadratkilometer. Bereits seit 2003 ist Cairngorms ein offizieller Nationalpark. Das Gelände des Naturparks wurde im Jahr 2008 um die Gegend Blair Atholl erweitert. In der unberührten Bergwildnis leben Rehe, Hirsche, Marder, Dachse, Fischotter und Wildkatzen. Steinadler und Fischadler ziehen ihre Kreise durch die Lüfte. Auch eine halbwilde Rentierherde, zu der ungefähr 130 bis 150 Tiere gehören sollen, ist im **Cairngorms National Park** beheimatet. Fünf von sechs der höchsten Berggipfel Schottlands befinden sich ebenfalls in dieser von Seen, Flüssen, Moorlandschaften und grünen Wäldern durchzogenen Gegend. Ein dichtes Netz kilometerlanger Wanderwege schlängelt sich durch die Landschaft und ermöglicht das Erkunden des Cairngorms National Parks auf eigene Faust. Beliebte Wandertouren sind der Spaziergang um Loch Muick, einem See in den südlichen Cairngorms und Wanderausflüge zum 400 Meter hohen Ben Macdui. Eine Besonderheit im Cairngorms National Park, die nur abends besucht werden kann, ist der Sternenpark Cairngorms Dark Sky Park. Dieses Lichtschutzgebiet ist der nördlichste Sternenpark der Welt und der dunkelste in Großbritannien. Die im Nationalpark gelegenen Grampian Mountains sind eine Region, die eine besonders geringe Lichtverschmutzung aufweist. Deshalb sind die Bedingungen zum Sterne gucken dort perfekt. Der Cairngorms Dark Sky Park zählt zu den schönsten und besonderen magischen

Orten, um den Nachthimmel zu entdecken. Das abgelegene Gebiet ist leicht zugänglich, sodass man das Leuchten der Sterne am atemberaubenden dunklen Himmel genießen kann. Im Dark Sky Park von Cairngorms finden regelmäßig astronomische Veranstaltungen, die für die Öffentlichkeit zugänglich sind, statt. Mit diesen Events sollen Menschen die Möglichkeit haben, sich über die Entstehung der Himmelskörper zu informieren. Gleichzeitig soll das kulturelle Erbe des Sternenhimmels bewahrt werden. Die Sternenbeobachtung ist mit einem Fernglas oder mit bloßen Augen möglich. Das vom Cairngorms Dark Sky Park entwickelte Projekt „Dunkler Himmel" dient dem Zweck, die Lichtverschmutzung in der Region Glenlivet und Tomintoul zu verringern. Dadurch sollen Pflanzen und Tiere, die sich am täglichen Zyklus von Licht und Dunkelheit orientieren, besser geschützt werden. In den Wintermonaten sind neben vielen Sternen und Sternbildern auch die Polarlichter zu sehen.

Abb. 19

1-2h

#21

Urquhart Castle – romantische Burgruine

Obwohl vom prächtigen Urquhart Castle nur eine Burgruine erhalten ist, hat die ehemalige Festung einen besonderen, sehr romantischen Charme. In der Geschichte Schottlands und von Loch Ness, über dem Urquhart Castle thront, spielt die Burg eine besondere Rolle. Die Bezeichnung „Urquhart", die „ar-kart" ausgesprochen wird, ist sprachlich eine Mischung aus Walisisch und Gälisch. Übersetzt bedeutet Urquhart „beim Wald", was auf die Lage der Festung in der waldreichen Umgebung hinweist. Urquhart Castle entstand zwischen dem 13. und dem 16. Jahrhundert. Das Bauwerk steht an

Abb. 20

derselben Stelle, an der sich zuvor eine frühmittelalterliche Festung befand. Während der schottischen Unabhängigkeitskriege war das Schloss von großer strategischer Bedeutung. Die ehemalige königliche Burg wurde mehrmals von den Earls of Ross überfallen. Im Mittelalter konnte das größte Tal der Highlands, das Great Glen, nur sicher durchquert werden, wenn es gelang, **Urquhart Castle** zu passieren. Einen natürlichen Schutz bot dabei Loch Ness, da die Festung auf einem in den See hineinragenden Landvorsprung liegt. Um sich vor feindlichen Angriffen zu schützen, wurde auf der Landseite ein Burggraben gezogen, der ausschließlich über die Zugbrücke zu passieren war. Die Burg war somit von drei Seiten von Wasser umgeben, was eine Eroberung enorm erschwerte. Heutzutage gelangt man durch das Besucherzentrum zu den Ruinen von Urquhart Castle. Im Besucherbereich befindet sich ein Museum, das sich mit der Errichtung und der Geschichte der Burg befasst und Waffen sowie weitere Ausstellungsstücke vergangener Epochen beherbergt. Außerdem gibt es einen Coffee-Shop. Von den Festungsmauern sind Loch Ness und die Berge im Hintergrund zu sehen. Bei einem Spaziergang durch die Schlossanlage entdeckt man den Grant Tower und den ehemaligen Kerker. Die wichtigste mittelalterliche Verteidigungsanlage, der Burggraben, lässt heute noch erahnen, wie schwierig die Eroberung von Urquhart Castle gewesen sein muss. Regelmäßig an den Wochenenden wird die Geschichte der Unabhängigkeitskriege, die von den Angriffen der Jakobiten und der Verteidigung gegen die mächtigen MacDonalds von Schaustellern in historischen Kostümen erzählt. Ein Besuch ermöglicht, Interessantes über die Lebensweise in jener Zeit zu erfahren. Manchmal kann es vorkommen, dass eine Besichtigung von Urquhart Castle wegen ungünstiger Witterungsbedingungen nicht möglich ist. Online kann man sich über die Wetterverhältnisse sowie über unerwartete Schließungen informieren.

7-9h

#22

Mount Ben Nevis – höchster Punkt Großbritanniens

Der höchste Punkt Großbritanniens befindet sich in den schottischen Highlands. Mit einer Höhe von 1.344 Metern ist der **Mount Ben Nevis** Schottlands höchster Berg und in den Wintermonaten das Lieblingsziel von Skifahrern aus dem In- und Ausland. Im Skigebiet Nevis Range stehen 20 Pistenkilometer zum Skifahren und Snowboarden zur Verfügung. Die Wintersaison beginnt im Dezember und dauert abhängig von der Schneehöhe bis in den April hinein. Vorhandene Skipisten sind für alle Schwierigkeitsgrade geeignet. Die Höhe des Skigebiets beträgt zwischen 1.221 und 1.665 Höhenmetern. In der Hochsaison sind insgesamt 12 Skilifte in Betrieb, um die Skifahrenden auf diese Pisten zu bringen. Der Frühling beginnt in den Highlands meist im April. Im Frühjahr, während der Sommersaison und bis zum Spätherbst ist die Gegend um den Mount Ben Nevis ein beliebtes Wander- und Kletterparadies. Vom Berggipfel bietet sich eine herrliche Aussicht über die ganze Bergkette bis zur Atlantikküste. An Tagen mit guten Sichtverhältnissen ist sogar Nordirland zu sehen. Einst war der Mount Nevis ein massiver Vulkan, der aus etwa 400 Millionen Jahre altem magmatischem Gestein bestand. Nach der letzten Eruption brach ein Teil des Vulkans nach innen zusammen und veränderte so die ursprüngliche Form des Mount Nevis. Da der Gipfel oft in Nebel gehüllt ist, wird der Mount Ben Nevis auf Gälisch auch der „Berg mit dem Kopf in den Wolken" genannt. Der Aufstieg zum Gipfel beginnt am Ben-Nevis-Inn-Pub in der Nähe von Achintee.

Eine weitere, etwas steilere Route führt von der nahe gelegenen Jugendherberge bis zum Berggipfel. Die Wanderstrecke ist circa sieben Kilometer lang. Die Hauptroute, der sogenannte Pony Track, ist weniger anspruchsvoll, da ein Großteil des Weges durch nicht übermäßig steiles Gelände führt. Dabei handelt es sich jedoch um die von Wandertouristen bevorzugte Route, wo vor allem in den Sommermonaten viele Menschen anzutreffen sind. Eine ruhiger, aber technisch anspruchsvoller Insidertipp ist der steilere und wesentlich kürzere Aufstieg über den Càrn Dearg von Süden her. Sehenswert ist außer der tollen Aussicht auch die Ruine eines zu Beginn des 20. Jahrhunderts stillgelegten Observatorium, die sich auf dem Gipfel des Mount Nevis befindet.

Abb. 21

1,5h

#23

Glenfinnan-Viadukt mit dem Hogwarts Express überqueren

Die kleine, in den schottischen Highlands gelegene Ortschaft Glenfinnan zählt knapp 100 Einwohner. Dennoch ist das Dorf beinahe überall in der Welt bekannt. Der Grund für die weltweite Popularität ist der **Glenfinnan-Viadukt**. Die Eisenbrücke mit ihren staksigen Pfeilern und 21 Bögen befindet sich unweit von Glenfinnan. Da der Glenfinnan-Viadukt durch die Harry-Potter-Filme berühmt wurde, ist meistens von der „Harry-Potter-Brücke" die Rede. In der filmischen Darstellung verkehrte der Hogwarts-Express auf dieser Strecke. In Wirklichkeit handelt es sich um den Jacobite Steam Train, einen dampfbetriebenen Museumszug, der früher regulär auf einem Teilabschnitt der West Highland Line verkehrte. Während der Zugfahrt von Fort William nach Mallaig wird in Glenfinnan gehalten. Fort William ist ein Ort in der Nähe des Mount Ben Nevis. Nach einem kurzen Stop in Arisaig, dem westlichsten Bahnhof Großbritanniens, fahren der Jacobite Steam Train und der im regulären Zugverkehr eingesetzt normale Triebkopfzug am tiefsten Süßwassersee Schottlands, dem Loch Morar, entlang. Die weitere Streckenführung verläuft entlang des Morar-Flusses bis nach Mallaig. Die gesamte Streckenlänge für die Hin- und Rückfahrt beträgt insgesamt 135 Kilometer. Je Strecke dauert die Zugreise etwa zwei Stunden. Eine Erkundung von Glennfinnan lohnt sich auch ohne Zugfahrt. Es gibt im Bahnhofsgebäude ein kleines Museum, das sich mit der Geschichte der schottischen Eisenbahnen beschäftigt. Am Loch Shiel erinnert das Glenfinnan

Monument an die Ankunft von Bonnie Prince Charlie, der diesen Ort im Jahr 1745 erreichte und anschließend den Jakobiten-Aufstand führte. Das Glenfinnan-Viadukt ist zu Fuß erreichbar. Der Weg zur Eisenbahnbrücke beginnt am Glenfinnan Station Museum. Folgt man dem Pfad, erreicht man das Viadukt nach einem knapp einstündigen Fußmarsch. Zweimal täglich kann man sehen, wie sich der Dampfzug der Brücke nähert und diese dann überquert. Dies ist normalerweise vormittags gegen 11 Uhr und nachmittags gegen 15 Uhr der Fall (Zeiten ohne Gewähr). Auch Loch Shiel ist als Drehort mehrerer Filme bekannt. Als Hogwarts See kommt das Gewässer in den Harry-Potter-Filmen vor. Im Fantasy-Action-Film „Highlander" wurden die auf einem Boot spielenden Szenen ebenfalls am Loch Shiel gedreht. Das Glenfinnan Monument am See ist im Film „Bonnie Prince Charlie", in dem David Niven die Hauptrolle spielte, zu sehen.

Abb. 22

2-3h

Eilean Donan Castle

Das im 13. Jahrhundert erbaute Eilean Donan Castle ist die Burg aus dem Film Highlander! Doch nicht nur für den Fantasy-Klassiker diente sie als Kulisse, sondern auch für einen spannenden James-Bond-Film. Die Burg, die sich im Schnittpunkt dreier Lochs befindet, gilt zudem als eine der am meisten fotografierten historischen Stätten Schottlands. Ursprünglich wurde **Eilean Donan Castle** als Verteidigungsbastion gegen die Wikinger errichtet. Richtig genutzt wurde die Festung vor allem im 18. Jahrhundert während der Jakobiten-Aufstände. Im 20. Jahrhundert hat man die Burg aufwendig restauriert. Das Castle von Eilean Donan ist heute auch eine beliebte Location für Hochzeiten. Auf die Lage der Burg auf einer Insel weist die Bezeichnung Eilean Donan, die übersetzt „Insel von Donan" bedeutet, hin. Geschichtlichen Überlieferungen zufolge soll die Festung ihren Namen dem irischen Heiligen Bischof Donan verdanken. Der Weg zur Burg führt über eine Steinbrücke. Bei geführten Touren können die Räumlichkeiten vom Eilean Donan Castle besichtigt werden. Im Laufe der Jahre wurde die Burg zunächst vergrößert, sodass sie bald die gesamte Insel bedeckte und anschließend wieder verkleinert. Das Bauwerk, das heutzutage besichtigt werden kann, ist rund 100 Jahre alt. Die Burg wurde erst nach den Jakobitenaufständen wieder aufgebaut. Bei dieser Gelegenheit hat man auch die Steinbrücke hinzugefügt. Für die Öffentlichkeit zugänglich ist Eilean Donan Castle erst seit 1955. Im Besucherzentrum befinden der Ticketschalter, ein Restaurant sowie ein Geschenkeladen. Die meisten der aufwendig dekorierten und mit historischen Möbeln ausgestatteten Innenräume dürfen besichtigt werden. Zu sehen sind außerdem zahlreiche Kunstwerke, Waffen sowie jakobinische Artefakte. Ausflüge nach Eilean Donan sind bei Familien sehr beliebt, sodass an Wochenenden mit hohem Besucheraufkommen zu rechnen ist. Wer sich das Schloss und die Insel genauer anschauen möchte, sollte daher einen Wochentag bevorzugen. Bei einem Rundgang auf Eilean Donan können Vögel beobachtet werden. Mit etwas Glück sieht man am Meer auch Otter, Delfine und sogar Schweinswale.

Abb. 23

2-3h

Dunrobin Castle

An der Ostküste Schottlands gelegen, ist das prächtige Dunrobin Castle eines der schönsten Schlösser des Landes. Die Bezeichnung Dunrobin ist die Kurzform für „Fort von Robin". Dieser Titel soll sich auf Robert, den sechsten Graf von Sutherland, beziehen. Das Geschlecht der Sutherlands regiert seit dem 15. Jahrhundert fast ununterbrochen auf Dunrobin Castle. Viele Reisende aus Deutschland kennen das Schloss bereits aus dem Fernsehen. Dunrobin Castle war mehrmals Drehort von Rosamunde-Pilcher-Verfilmungen. Die ZDF-Filme „Wintersonne" (2003) sowie „Zauber der Liebe" (2006) entstanden dort. Mit 189 großen Räumen ist es gleichzeitig das größte ehemals bewohnte Gebäude in den nördlichen Highlands. Die exklusiv ausgestatteten Räumlichkeiten des Sutherland-Clans, dessen Stammsitz die Burg ist, können heutzutage besichtigt werden. Ältester Gebäudeteil ist ein im 13. Jahrhundert errichteter Wohnturm, von dem einige Überreste im Innenhof des Schlosses zu sehen sind. Um das Schloss herum wurde ein prächtiger Garten nach Vorbild des Schlosses von Versailles angelegt. Im üppigen Garten sind Pflanzen, Büsche und Bäume um sprudelnde Springbrunnen gruppiert. Während die Besichtigung von **Dunrobin Castle** nur während der Sommersaison zwischen April und Oktober möglich ist, sind die Gartenanlagen ganzjährig zugänglich. Die Gartenmauer ist mit einem Eisentor versehen, durch das man direkt zum Meer gelangt. Im Schlossgarten befindet sich ein Museum, das verschiedene Trophäen von Großwildjagden, Jagdwaffen, Dudelsäcke, Trinkgefäße sowie weitere interessante Ausstellungsstücke beherbergt. Außerdem ist in diesem Gebäude eine Falknerei untergebracht. Bei täglichen Greifvogel-Flugschauen kann man zuschauen, wie sich Falken, Steinadler und Eulen in die Lüfte schwingen. Der Stammsitz der Dukes of Sutherland befindet sich nördlich der Dörfer Dornoch und Golspie. Dornoch ist bekannt für seine Kathedrale und ist Sitz des Royal Dornoch Golf Clubs. Innerhalb einer Autostunde ist Inverness, die Hauptstadt der schottischen Highlands, erreichbar. Züge der Far North Line halten in der Nähe des Schlosses an einem für diesen Zweck gebauten Bahnhof. Von Edinburgh und Glasgow werden organisierte Ausflüge nach Dunrobin Castle angeboten.

Abb. 24

0,5h

#26

Bow Fiddle Rock – natürlicher Meeresbogen an der Nordostküste

Der Bow Fiddle Rock erhielt seinen Namen aufgrund seiner Ähnlichkeit mit der Spitze eines Geigenbogens. Die markante Felsformation ist eine beliebte Sehenswürdigkeit in der Nähe von Portknockie an der schottischen Nordostküste. Der **Bow Fiddle Rock**, der im Verlauf von Millionen Jahren durch natürliche Erosion entstanden ist, ist Bestandteil der Cullen-Quarzit-Formation. Cullen Quartzit ist eines von vielen in Schottland vorkommenden Quarziten. Diese metamorphen Gesteine zeichnen sich durch einen hohen Quarzgehalt und eine große Beständigkeit gegenüber Witterungseinflüssen aus. Geologisch wird die aus Quarzit bestehende, etwa 2.400 Meter dicke Cullen-Quarzit-Formation an der Küste zwischen den Städten Buckie und Cullen dem Neoproterozoikum zugeordnet. Beim Zusammenstoßen der alten Kontinentalblöcke Laurentia und Avalonia während der mehrphasigen Gebirgsbildungen wurden diese Gesteine gefaltet. Die heute sichtbare Struktur entstand durch Erosion. Die Felsformation Bow Fiddle Rock ist eine bekannte Touristenattraktion, ein beliebter Fotospot sowie Nistplatz für Heringsmöwen, Lachmöwen, Mantelmöwen und andere Seevögel. Im Ozean am Fuß des Felsens sind häufig Schweinswale und Tümmler auf Nahrungssuche zu sehen. Von der RAF wird die Gegend um Bow Fiddle Rock regelmäßig für militärische Manöver genutzt. Beim Wandern entlang der Küste sind oft Tornado- und Jaguar-

Kampfflugzeuge am Himmel zu sehen und zu hören. In Küstennähe gibt es einige Höhlen. Diese sind ebenfalls durch Abtragungen des Gesteins durch das Meer und das raue Klima entstanden. Im südlichen Küstenabschnitt befindet sich der Felsbogen „Whale's Mou". Östlich von Findochty gibt es zahlreiche Höhlen, die jedoch nur bei Ebbe zugänglich sind und während der Flut vom Wasser durchspült werden. Ein Ausflug nach Bow Fiddle Rock lässt sich gut mit einem Besuch der Küstenstadt Portknockie verbinden. Das gemütliche, im Jahr 1677 gegründete Städtchen war früher ein einfaches Fischerdorf, das sich zum Ferienort entwickelt hat. Seitdem Portknockie nicht mehr an das Eisenbahnnetz angeschlossen ist, kann die Kleinstadt per Auto, Bus oder über den Seeweg erreicht werden. Die Hafenanlagen stammen aus dem Jahr 1890. Im Hafen werden die von der Fischereiflotte gefischten Makrelen an Land gebracht. Rund um den Hauptplatz und die Church Street haben sich zahlreiche Geschäfte, Cafés, Bars und Restaurants niedergelassen. Für diejenigen, die länger in Portknockie bleiben wollen, gibt es ein kleines Hotel sowie private Ferienunterkünfte.

Abb. 25

1-2h

#27

The Old Man of Storr – gigantische Felsnadel

Die Isle of Skye ist die größte Insel der Inneren Hebriden. Über eine Brücke ist das als „Insel des Nebels" bezeichnete Eiland mit der schottischen Nordwestküste verbunden. Das berühmteste Wahrzeichen der Insel ist **The Old Man of Storr**, eine gigantische Felsnadel. Der etwa 50 Meter hohe, vertikale Felsen ist ein typisches Symbol für die zerklüftete Landschaft von Skye. Der Monolith befindet sich im nördlichen Teil der Insel auf dem Trotternish-Kamm. Die Trotternish Ridge gilt als einer der eindrucksvollsten Höhenzüge in Großbritannien. Mehrere Wanderwege führen durch das Gebiet und eine Strecke bis zum Old Man of Storr. Der Felsen, dessen Form an einen Männerkopf erinnert, diente den Seefahrern jahrhundertelang als Orientierungspunkt. Eine Wanderung von der Hauptstraße dauert circa zwei Stunden (Hin- und Rückweg). Die Felsnadel ist als einer der besten Fotospots auf Skye vielen Profi- und Hobbyfotograf*innen bekannt. Ein Tipp für besonders spektakuläre Aufnahmen: starten Sie die Wanderung bei Sonnenauf- oder Sonnenuntergang und genießen Sie die farbenprächtige Kulisse. Die drei markanten Felsnadeln ragen 48 Meter in die Höhe und bilden mit den umliegenden Höhenzügen eine gebirgige Landschaft, die eine Höhe von 719 Metern erreicht. Die leichte Bergwanderung zum Old Man of Storr führt größtenteils über befestigte Wege und steinige Pfade. Bei regnerischem Wetter können die Wanderpfade matschig sein, sodass ein Mindestmaß an Trittsicherheit nötig ist. Die Felsnadeln sind circa 10 Kilometer von der Inselhauptstadt Portree entfernt. Mit dem Mietauto ist der Felsen über die Hauptverkehrsstraße der Insel (A855) erreichbar. Ausgangspunkt für die Wanderung ist der Besucherparkplatz. Die Parkmöglichkeiten sind kostenlos, allerdings kann es während der Sommersaison dort recht voll werden. Es ist daher ratsam, die frühen Morgenstunden für eine Wandertour einzuplanen. Da die Strecke zu einem großen Teil über karges Gelände ohne Schatten führt, ist der frühe Vormittag die beste Tageszeit zum Wandern. Nachdem der steile Aufstieg bewältigt ist, bietet sich vom Gipfelplateau des Storr ein wunderschöner Ausblick über die Berge und bis zum Loch Leathan. Auch die Filmindustrie hat die Felsnadel als Kulisse entdeckt. Einige Szenen für den Kinofilm „Prometheus" und für die Schneewittchen-Neuverfilmung „Snow white and the Huntsman" wurden dort gedreht.

Abb. 26

1,5-3h

#28

Fairy Pools – an den Wasserfällen schwimmen

Mit ihrem magischen Charme zählen die Fairy Pools zu den bezauberndsten Naturplätzen auf der Insel Skye. Einer Sage nach sollen sich nachts mythologische Wesen, die Selkies genannt werden, in den zahlreichen Pools und Wasserfällen tummeln, um vor allem bei Vollmond dort zu baden. Die Feen-Teiche befinden sich in Glen Brittle, einem großen Tal, das entlang des Brittle-Flusses verläuft, im Bereich der Coire na Creiche-Ebene. Gespeist werden die Feenbecken vom Wasser des Allt Coir' a' Mhadaidh, der aus der Gebirgslandschaft der Cuillin Hills herabfließt. Die Fairy Pools bestehen aus vielen unterschiedlich großen, natürlichen Wasserbecken, die durch den Bach sowie einige kleine Wasserfälle miteinander verbunden sind. Das glasklare Wasser der **Fairy Pools** wirkt je nach Jahreszeit zart-bläulich und beinahe durchsichtig oder es schimmert türkisfarben. Bei Schwimmer*innen sind die Feen-Wasserfälle sehr beliebt. Die Wasserbecken zählen zu den berühmtesten Wildschwimmgebieten Schottlands. Im kristallklaren Wasser der Pools zu schwimmen ist ein besonderes Erlebnis, allerdings sollte man sich auf eiskalte Wassertemperaturen einstellen. Der Wanderweg zu den Wasserfällen ist zwar nicht so gut markiert, jedoch sind auf dieser Strecke meistens viele Wander*innen unterwegs. Die Wanderroute ist mit Hin- und Rückweg etwa 3,7-Kilometer lang und nimmt pro Strecke circa 1 Stunde Zeit in Anspruch. Der als einfach eingestufte Wanderweg ist ganzjährig zugänglich. Ausgangspunkt für die kurze Wanderung zu den Fairy Pools ist der gebührenpflichtige Besucherparkplatz. Während der Sommersaison verkehrt mehrmals täglich ein Linienbus zwischen der Inselhauptstadt Portree und dem Park der Fairy Pools. Aus Gründen des Umweltschutzes wird erwartet, dass Besucher*innen ihre Abfälle wieder mitnehmen. Beim Wandern werden nacheinander mehrere Wasserfälle erreicht. Obwohl die Gegend heute ruhig und friedlich wirkt, waren die Feenpools in der Vergangenheit Schauplätze kriegerischer Auseinandersetzungen. Die Schlacht von Coire na Creiche, die mit dem Sieg des MacDonald-Clans von Sleat über die MacLeods von Dunvegan endete, hat sich an diesem romantischen Ort zugetragen. Das schottische Königshaus, das die Gefechte nicht billigte, erzwang daraufhin einen Waffenstillstand zwischen beiden verfeindeten Clans. Nach dem Baden in den Feenpools bietet sich ein Spaziergang zum nahegelegenen Strand von Loch Brittle an. Im dortigen preisgekrönten Glenbrittle Campsite-Cafe bekommt man Kaffeespezialitäten und heiße Schokolade.

Abb. 27

1-2h

#29

Portree – Inselhauptstadt von Isle of Skye

Der größte Ort der Insel Skye ist die Inselhauptstadt Portree. Der Name des Hauptortes in der schottisch-gälischen Sprache ist Port Rìgh, was auf Deutsch der Hafen des Königs bedeutet. Das rund 200 Jahre alte Städtchen, das im 19. Jahrhundert von Lord MacDonald gegründet wurde, zählt heute etwa 2.400 Einwohner. Der Stadtname soll Überlieferungen zufolge an einen Besuch des schottischen Königs König Jakob V. in der Region um 1540 zurückgehen. **Portree** liegt am Meer, umgeben von einer hügeligen Landschaft. Die beiden höchsten Erhebungen sind der 413 Meter hohe Ben Tianavaig im Süden. Im Westen erheben sich der 312 Meter hohe Suidh Fhinn, auch Fingal's Seat genannt und nördlich der Inselhauptstadt der Ben Chrachaig mit einer Höhe von 144 Metern. Die Kleinstadt Portree ist Ausgangspunkt vieler Ausflüge auf der Isle of Skye. In nördlicher Richtung gelangt man rasch zum Old Man of Storr und auch andere Sehenswürdigkeiten sind nur eine kurze Autofahrt entfernt. Portree ist das wirtschaftliche und kulturelle Zentrum der Insel. Im Ort befinden sich einige Kirchen, Cafés, Restaurants, Banken, ein Kino, ein Schwimmbad, Supermärkte, Tankstellen sowie eine Touristeninformation. Die kleine Einkaufsstraße Wentworth Street führt direkt zum Hafen hinunter. Es bestehen tägliche Linienbusverbindungen nach Glasgow und Inverness. Außerdem gibt es einen lokalen Bus, der um die Insel Skye herumfährt. Organisierte Sightseeing-Touren per Bus werden ebenfalls angeboten. Vom Hafen in Portree starten regelmäßig Schiffsausflüge. Der kleine Fischereihafen liegt in einer Bucht zwischen schwarzen Klippen. Der Hafen wurde bereits im 18. Jahrhundert angelegt, um die Fischerei zu fördern. Wegen der geschützten Lage ist er ein sicherer Ankerplatz für Schiffe. Das Städtchen ist für seine kulturellen Aktivitäten bekannt. Im Laufe des Jahres finden zahlreiche Veranstaltungen in Portree statt. Die bekanntesten Events sind der Isle of Skye Halbmarathon im Juni und die Portree Agricultural Show im August. Während der größten Veranstaltung des Jahres, den Skye Highland Games, die ebenfalls im August stattfinden, kommen zahlreiche Inselbewohner und viele Touristen nach Portree. Typisch für die Inselhauptstadt sind die bunten Häuser an der Uferpromenade. Wegen seiner Einkaufsmöglichkeiten wird Portree gern als Zwischenstopp während einer Inselrundfahrt und um sich bei einem Camping- oder Ferienhaus-Urlaub mit Lebensmitteln zu versorgen, besucht.

Abb. 28

5-8h

#30

Staffin Beach – ein Tag am Meer

Die Isle of Syke bietet zahlreiche kleine Buchten und Strände. Einer der schönsten Inselstrände ist **Staffin Beach**. Der Sandstrand von Staffin ist familienfreundlich, ruhig und geschützt. Von der Hauptstraße ist der Strandabschnitt mit dem sanft ins Meer abfallenden Felsvorsprung gut erreichbar. Für Aufmerksamkeit sorgte der Staffin Strand im Jahr 2002, als dort Dinosaurier-Fußspuren entdeckt wurden. Diese Dinosaurier-Fußabdrücke sollen die größten ihrer Art in ganz Schottland sein. Zu sehen sind sie allerdings nur bei Ebbe. Im Sommer sind die Fußspuren der Dinos oft von Sand bedeckt. Die beste Zeit, um sie zu sehen, ist nach einem Wintersturm, wenn sie vollständig freigelegt sind. Da die Isle of Skye überwiegend aus Basaltgestein besteht, finden sich kaum Fossilien auf der Insel. Staffin Beach sowie der Strand von Duntulm sind die einzigen Gebiete, in denen man versteinerte Dinosaurierfußabdrücke entdeckt. Der unterhalb des Trotternish-Ridge gelegene Strandabschnitt ist einer der interessantesten Strände der Insel. Das gleichnamige Dorf Staffin in der Nähe ist für seine weißen Häuser und die erstaunlich zerklüftete Landschaft, die den Ort umgibt, berühmt. Staffin gilt als friedlicher Rückzugsort. Zum Übernachten findet man im Dorf zahlreiche Unterkünfte. Auf den sattgrünen Feldern ringsum Staffin wird Landwirtschaft betrieben. Die Gemeinde ist als sehr produktiv bekannt. In die Berge oberhalb der Ortschaft führen mehrere Wanderwege. Die nahegelegene Felsformation Quirang diente früher als Versteck, um Nutztiere vor den das Land erobernden Wikingern zu schützen. In jüngster Zeit war die Gegend Drehort zahlreicher Filme, wie „Stardust", „Das Land, das die Zeit vergaß" sowie „Highlander". Der Quirang ist wegen seiner spektakulären Landschaft vor allem bei Fotografen sehr beliebt, jedoch ist er nicht ungefährlich. Die Region ist Teil des Trotternish-Rückens und entstand durch einen gewaltigen Erdrutsch. Wandern über hohe Klippen, Felszinnen und Plateaus erfordert Trittsicherheit und Wandererfahrung. Die Quiraing-Wanderung ist eine Rundwanderung. Der 6,8 Kilometer lange Weg führt zum Ausgangspunkt am Parkplatz zurück. Als durchschnittliche Gehzeit sollten circa 2 Stunden (ohne Pausen) eingeplant werden. In der Trotternish National Scenic Area gibt es weitere Wanderstrecken unterschiedlicher Schwierigkeitsgrade. Halbtägige und ganztägige Wanderungen bieten sich an, um die felsige Gegend zu Fuß zu erkunden.

Abb. 29

0,5-1h

#31

Neist Point – Leuchtturm mit atemberaubender Aussicht

Die Klippen und der Leuchtturm von Neist Point zählen zu den berühmtesten Attraktionen der Isle of Skye. Zu dem im äußersten Westen der Insel gelegenen Ausflugsziel gelangt man über eine einspurige Straße. Von Portree aus sind die Neist Point-Klippen mit dem Auto innerhalb einer Stunde zu erreichen. Neist Point bildet das westliche Ende der Insel. Das Zusammenspiel aus Klippen und Meer ist beeindruckend. An klaren Tagen bietet sich eine überwältigende Aussicht über den Ozean bis zu den Inseln Benbecula und South Uist ab. Vom Besucherparkplatz führt ein Weg zum Aussichtspunkt. Die 6 Kilometer lange Wanderung zum Leuchtturm dauert circa eine Stunde. Der runde, 19 Meter hohe, vom schottischen Ingenieur und Leuchtturmbauer David Alan Stevenson erbaute **Leuchtturm von Neist Point** ist seit 1909 in Betrieb. Die Leuchtturmbauernfamilie Stevenson hat fünf Generationen lang Leuchttürme errichtet, sodass die meisten Leuchttürme in Schottland das Werk eines Mitglieds dieser Familie sind. Nach einer Automatisierung der Technik im Jahr 1990 kann weitgehend auf Personal verzichtet werden. Seitdem erfolgt die Steuerung durch das Northern Lighthouse Board in Edinburgh. Der drei Stockwerke hohe Leuchtturm sowie die Gebäude ringsum stehen unter Denkmalschutz. Vor dem Neist Point-Leuchtturm befindet sich ein Feld von Steintürmen, die alle von Wanderern errichtet wurden. An der Anlegestelle auf der linken Seite wurden früher die Vorräte für das Leuchtturmpersonal per Boot angeliefert. Ein verrosteter Kran erinnert heute noch daran. Die

Felsen beim Leuchtturm eignen sich besonders gut zum Angeln. Der Spot eignet sich besonders zum Seelachse fangen. In der hügeligen Gegend, deren höchste Erhebung der 296 Meter hohe Waterstein Head ist, können neben Schafen auch Seevögel beobachtet werden. Mit etwas Glück sieht man Robben, Wale und Delfin unter den Klippen schwimmen. Der Ozean am Neist Point gilt als einer der besten Orte, um die Meeressäuger zu beobachten. Die Landzunge mit Leuchtturm markiert den westlichsten Punkt der Isle of Skye. Da die Klippen bis zu 100 Metern hoch sind, ist beim Fotografieren umsichtiges Verhalten geboten. In der nahegelegenen Ortschaft Glendale gibt es einige Übernachtungsmöglichkeiten. Auch in anderen benachbarten Orten sind einige Hotels, Hostels und B&Bs zu finden. In der Hochsaison im Sommer ist eine frühzeitige Reservierung zu empfehlen.

Abb. 30

1-2h

#32

Armadale Castle – damalige Sitz des McDonald-Clans

Armadale Castle ist der Stammsitz des McDonald-Clans. Die gut erhaltene Burgruine repräsentiert die mehr als 1.500 Jahre alte Geschichte der adligen Familie. Zum **Armadale Castle** gehören großzügige Gartenanlagen sowie ein preisgekröntes Museum. Außerdem gibt es ein Café im umgebauten Stallgebäude sowie einen Souvenirladen. Die heutzutage vom Clan Donald Lands Trust betriebene historische Sehenswürdigkeiten bietet zudem ein regelmäßiges Veranstaltungsprogramm mit vielen Aktivitäten an. Das beeindruckende Anwesen war der letzte Stammsitz der Macdonalds-Familie of Sleat. In den 40 Hektar großen Gärten kann man ausgedehnte Spaziergänge machen. Der Schlosspark ist im Frühling und in den Sommermonaten ein wahres Blumenparadies. Da die Meeresströmung des Golfstroms für mildes Klima sorgt, wächst dort eine Vielzahl, zum Teil exotische Pflanzen, Hecken und Büschen. Im preisgekrönten Museum of the Isles wird die Geschichte der Highlands und Inseln authentisch dargestellt. Anhand von Tafeln und Dokumenten, Waffen und anderen Relikten erfährt man vieles über die Geschichte der Dalriada-Inseln, beginnend von der Epoche der ersten Adligen bis zur Gegenwart. Als berühmteste Besucherin des alten Herrenhauses in Armadale gilt Flora MacDonald. Die Adlige, die im Jahr 1750 auf Armadale Castle heiratete, spielte eine große Rolle bei der Flucht von Bonnie Prince Charlie. Früher war die Macdonald-Familie der größte und mächtigste Clan Schottlands. Die Adelsfamilie residierte in der Zeit zwischen 1650 und 1690 in

Armadale. Anschließend verlegten sie ihren Hauptwohnsitz nach Duntulm Castle, einer mittelalterlichen Festung im Norden der Insel Skye. Schloss Armadale wurde nach Entwürfen des schottischen Architekten James Gillespie Graham im Jahr 1815 neu aufgebaut, jedoch wurde das historische Bauwerk im Jahr 1855 bei einem Brand weitgehend zerstört. Danach konnten einige Teile der Ruine durch einen Neubau ersetzt werden. Nachdem die McDonalds ihren Stammsitz Armadale Castle im Jahr 1925 endgültig verlassen hatte, verfiel der Gebäudekomplex. Rund um Armadale Castle gibt es einige Wanderwege mit schönen Ausblicken über den Sound of Sleat, die Berge von Knoydart und die Cuillin-Bergkette. In den Wäldern begegnet man Rotwild und anderen Wildtierarten. Auf der Suche nach Beute ziehen Steinadler und Seeadler ihre Kreise am Himmel. Wegen ihrer wiederhergestellten, gepflegten Gartenanlagen ist die Schlossruine heutzutage ein beliebtes Ausflugsziel. Die noch erhaltenen Gebäudeteile werden oft für Hochzeiten genutzt.

Abb. 31

2-4h

#33

Wanderung von Elgol zum Gebirgssee Loch Coruisk

Der Ort Elgol liegt am Ende der Strath-Halbinsel. Vom Fischerhafen legen die Boote zum Loch Coruisk, das mit Fahrzeugen nicht erreichbar ist, ab. Die Bezeichnung „Elgol" ist auf das Gälische „Ealaghol", „was edles Tal" oder „Feld der wilden Engelwurz" bedeutet, zurückzuführen. Eine andere Erklärungsweise bezieht die Herkunft des Namens auf einen räuberischen Wikinger, der bei einem Angriff mit seinem Segelschiff „The Swan" vor der Küste sank und der Ortsname deshalb „weinender Schwan" bedeutet. Heutzutage ist das malerische Fischerdorf **Elgol** an der Südwestküste der Strathaird-Halbinsel ein beliebtes Ausflugziel und Ausgangspunkt für Bootstouren über Loch Scavaig zum Süßwassersee Loch Coriusk. Elgol bietet sich für Wanderungen zur Prince Charlie's Cave an. Diese Höhle besitzt eine historische Bedeutung für Schottland, da es sich um den Ort handelt, an dem sich Bonnie Prince Charlie vor seinen Gegnern versteckte. In Elgol befinden sich neben der Schiffs-Anlegestelle nur einige Gebäude. Das Gemeindehaus dient gleichzeitig als Dorfladen. Für die meisten Besucher*innen ist Elgol ein Zwischenstopp auf der Reise mit dem Boot nach Loch Coruisk. Der „Wasserkessel" genannte, drei Kilometer lange und einige hundert Meter breite Gletschersee liegt unterhalb der höchsten Gipfel des Black Cuillin-Massivs. Loch Coruisk gilt als einer der schönsten Seen Schottlands. Die Tatsache, dass er in einer entlegenen Gegend liegt, hat kaum einen Besucher von einem Ausflug zu diesem faszinierenden See abgehalten. Der Süßwassersee führt dunkles Wasser, das über ein Felsplateau zum Meeresloch na Cuilce fließt. In der Meeresbucht gibt es einige kleine Inseln. Dort sieht man Seehunde gemütlich in der Sonne liegen oder im Wasser schwimmen. Einer Sage nach soll im Loch Coruisk ein formwandelndes Wasserwesen namens Kelpie leben. Bislang hat jedoch niemand dieses Fabelwesen zu Gesicht bekommen. Meistens bevorzugen Besucher*innen eine Schiffstour, um nach Loch Coruisk zu gelangen. Alternativ kann auch zum Gletschersee gewandert werden. Für die 25 Kilometer lange, einfache Wanderstrecke werden durchschnittlich sechs bis acht Stunden benötigt. Der Wanderweg beginnt im Dorf Sligachan an der Westküste und führt durch bergige Landschaften bis zum Süßwassersee. Beim Wandern bieten sich immer wieder atemberaubende Ausblicke auf die umliegenden Cuillin-Berge. Besonders schön ist die Aussicht vom Gipfel des Sgùrr na Strì.

Abb. 32

#34

Schloss Dunvegan – traumhafte Schlossgärten

Schloss Dunvegan ist die älteste, durchgängig bewohnte Adelsresidenz in Schottland. Die Clanchiefs der MacLeods leben seit mehr als 800 Jahre auf diesem Familiensitz, der von traumhaften Schlossgärten umrahmt wird. Das Castle am Rand von Loch Dunvegan ist eine der wichtigsten historischen Sehenswürdigkeiten der Isle of Skye. Da das Schloss an der rauen Atlantik-Küste liegt, ist immer mit einer frischen Brise zu rechnen. Der Name des Familienclans der MacLeods ist aus dem Kinofilm „Highlander" bekannt. Die Wurzeln der adligen Familie, die einst die Herrscher

Abb. 33

von Skye waren, reichen bis zu den Wikingern zurück. Das Visitor-Center informiert über die eindrucksvolle Geschichte des Clans. Der Ausstellungsbereich umfasst auch eine wertvolle Gemäldesammlung. Ein weiterer Schatz ist der aus dem Mittelalter stammende Dunvegan Cup, ein Geschenk der O'Neils von Ulster. Die früheren Könige von Tír Eógain brachten damit ihren Dank für die Unterstützung beim Kampf gegen die Truppen von Königin Elisabeth I. von England zum Ausdruck. Zu sehen sind zudem einige originelle Artefakte, beispielsweise eine Feen-Flagge, die den Clan beschützen soll. Überlieferungen zufolge hat die Fahne die Adelsfamilie bereits mehrfach vor gefährlichen Ereignissen geschützt. Die Ausstellung beherbergt einige persönliche Dinge der schottischen Nationalheldin Flora MacDonald. Das Schloss der MacLeods spielte in den Jacobiter-Aufständen eine bedeutende Rolle. Schloss Dunvegan befindet sich heute noch im Familienbesitz. Da einige Mitglieder der adligen Familie in der Adelsresidenz leben, stehen nicht alle Bereiche zur Besichtigung zur Verfügung. Ein Teil der Räumlichkeiten kann für Hochzeiten und andere festliche Anlässe gemietet werden. Außerdem bestehen verschiedene Möglichkeiten, einen Urlaub auf dem Schloss zu verbringen. Über die Unterkünfte informiert die Webseite von **Schloss Dunvegan**. Einige Räumlichkeiten des preisgekrönten Highland-Anwesens können besichtigt werden. Es ist auch möglich, Spaziergänge in den wunderschönen Gärten zu machen. Die Schlossgärten sind eine einzigartige Oase mit einer eklektischen Pflanzenmischung. Der Rundgang führt an schimmernden Teichen, die von Bächen und Wasserfällen gespeist werden, vorbei. Das besondere Highlight ist der Wassergarten mit seinen Inseln und kunstvollen Brücken. Im formalen Rundgartens gedeihen japanische Stechpalmen und die chilenische Araukarie. Auf dem Schlossgelände befinden sich vier Geschäfte, in denen hochwertige schottische Produkte angeboten werden. Das MacLeod-Tables-Cafe serviert Getränke und kleine Mahlzeiten.

2h

#35

Tobermory – farbenfrohe Stadt auf der Insel Mull

Das Städtchen Tobermory ist der wichtigste Ort auf der Isle of Mull. Der pittoreske Ort mit den bunt bemalten Häusern entstand im späten 18. Jahrhundert und war hauptsächlich ein Fischereihafen. Die Gegend war allerdings schon wesentlich früher besiedelt. Bei archäologischen Ausgrabungen etwas außerhalb der Stadt wurden Reste einer landwirtschaftlichen Siedlung dem sechsten Jahrhundert entdeckt. Tobermory befindet sich an der Ostküste von Mishnish im nördlichsten Teil der Isle of Mull. In **Tobermory** befinden sich zahlreiche Geschäfte, Restaurants und Bars. Außerdem gibt es einige Hotels sowie private Unterkünfte. Der betriebsame Hafen mit seinen Fischerbooten und Jachten ist ein beliebtes Besichtigungsziel. Im Hafenbereich bekommt man leckere, preisgekrönte Fish und Chips. Von Tobermory bestehen regelmäßige Fährverbindungen nach Kilchoan auf der Halbinsel Ardnamurchan. Die Kleinstadt Tobermory ist das Verwaltungszentrum der Isle of Mull und beherbergt das Mull-Museum sowie das Mull Aquarium. Das Aquarium von Mull ist Europas erstes Catch and Release Aquarium. Alle Fische und Meerestiere bleiben maximal vier Wochen und werden anschließend wieder freigelassen. Bei organisierten Führungen werden die verschiedenen Felsenbeckenarten erklärt. Während einer mikroskopischen Entdeckungsstunde im Planktonraum können sich Besucher*innen selbst mit den Besonderheiten der Unterwasserwelt vor der Küste der Isle of Mull vertraut machen. Eine alte Legende über Tobermory besagt, dass vor langer Zeit ein dreimastiges Segelkriegsschiff aus Spanien kommend vor der Küste Tobermorys auf Grund gegangen sein soll. Da sich an Bord der Galeone wertvolle Goldmünzen befunden haben sollen, versuchen heute noch abenteuerlustige Schatzsucher*innen, die vermuteten Goldschätze zu heben. Im Juli wird in Tobermory traditionell das „Mendelssohn on Mull"-Musikfestival gefeiert. Das im Jahr 1988 vom bekannten Violinisten Leonard Friedman gegründete Festival richtet sich an junge Streicherkammermusiker*innen, die während einer ganzen Woche Konzerte geben und ihr musikalisches Talent unter Beweis stellen. Bekannt ist Tobermory vor allem für die im Jahr 1798 eröffnete Brennerei, die im Laufe der Zeit mehrfache Besitzerwechsel erlebte. In der Whisky-Brennerei werden heute die Sorten Tobermory und Ledaig produziert. Beide Whiskys reifen mindestens zehn Jahre in Eichenfässern, bevor sie in den Handel gelangen. Vor Ort werden Führungen mit Whiskyverkostungen angeboten. Der geruhsame Ort Tobermory ist wegen seiner romantischen Atmosphäre und der hügeligen Umgebung eine beliebte Hochzeitslocation.

Abb. 34

1,5h

#36

Eas Fors-Wasserfall

Die vor der schottischen Westküste liegende Isle of Mull ist die zweitgrößte Insel der Inneren Hebriden. Obwohl die Insel relativ klein und überschaubar ist, besitzt sie eine dreihundert Meilen lange Küstenlinie mit zahlreichen Stränden und Buchten. Die Isle of Mull soll unter allen Orten vergleichbarer Größe die größte Artenvielfalt in ganz Großbritannien haben. In dieser Region sieht Schottland wie im Bilderbuch aus. Zu den Natur-Sehenswürdigkeiten zählen auch die vielen Wasserfälle, die es beinahe überall auf der Insel Mull gibt. Die meisten Fälle sind ziemlich abgelegen und nur nach längeren Wanderungen zu erreichen. Der dreistöckige Eas Fors-Wasserfall ist eine Besonderheit. Von den drei **Eas Fors-Wasserfällen** befinden sich nur die Upper Falls oberhalb der Hauptstraße. Der mittlere sowie der untere Wasserfallliegen unterhalb der Straße. Unterhalb der Middle Falls gibt es einen kleinen Naturpool, dessen Ufer ein beliebter Picknickplatz ist. Während der Sommersaison trifft man häufig Urlauber*innen beim Baden im Eas Fors-Pool an. Den enormen Wassermassen, die über mehrere Etappen ins Meer stürzen, zuzuschauen, ist insbesondere nach starkem Regen, wenn der Fluss angeschwollen ist, sehr beeindruckend. Den besten Blick hat man von der Spitze der Upper Falls. Die Panoramaaussicht reicht vom Loch Tuath bis zur Ulvaat-Insel. Man kann sich den Sturzbach von unten anschauen oder eine kilometerlange Wanderung zum oberen Rand der Wasserfälle unternehmen. Die Aussicht von oben ist mit äußerster Vorsicht zu genießen. Es wird empfohlen, auf die Gischt zu achten, sobald man sich dem Wasserfall nähert, da der Bereich nicht gesichert ist. Die Wanderung zum Aussichtspunkt unterhalb der majestätischen Wasserfälle gilt als bessere und sichere Alternative. Der unterste und letzte Fall ist mehr als 30 Meter tief. Dieser Wasserfall ist aus der Entfernung am besten zu sehen. Um die beste Aussicht auf die Fälle zu genießen, folgt man der Straße etwa 800 Meter in Richtung Ulva-Fähre. Von dort aus läuft man entlang des Kieselstrandes zurück zum Wasserfall. In dieser Gegend erlebt man Schottland abseits der ausgetretenen Pfade. Die Fälle von Eas Fors sind ein beliebter Haltepunkt während eines Roadtrips über die Insel Mull. Ein kleiner Parkplatz befindet sich circa 50 Meter von den Wasserfällen entfernt.

Abb. 35

2-4h

#37

Schiffsausflug mit Chance auf Wale oder Delfine

Die Isle of Mull ist ein ideales Revier für Walbeobachtungen. In dieser Region werden regelmäßig Schweinswale, Zwergwale, Riesenhaie, Delfine und Robben gesichtet. An der Küste kann man Seeadler und Seevögel beobachten. Auf der Insel Mull sind das ganze Jahr über **Walbeobachtungsausflüge** möglich. Mit dem Schiff geht es aufs Meer und je nach Saison tauchen verschiedene Wale und Delfine aus dem Wasser auf. Zwergwale sind an ihrem dunkelgrauen Körper und ihrer hellen Färbung an den Flanken erkennbar. Die gebogene Rückenflosse befindet sich weit hinten am Körper. Seit 20 Jahren werden in den Gewässern vor Mull auch Zwergwale gesichtet. Dem Orca, einem der markantesten Arten von Meeressäugern, kann man ebenfalls bei einer Walbeobachtungstour begegnen. Die größte Delfinart wird 4 bis 9 Meter lang. Orcas erkennt man an ihrer schwarzen Farbe und dem markanten weißen Fleck unter dem Maul und hinter dem Auge. Schwertwale, die häufiger in der Nähe der Isle of Mull zu sehen sind, sind leicht zu identifizieren. Männliche Schwertwale besitzen eine charakteristische Rückenflosse, an deren Basis eine Kerbe fehlt. Der größte Fisch in den Gewässern rund um die Insel Mull ist der Riesenhai. Diese Fische aus der Klasse der Knorpelfische können bis zu 12 Meter lang werden. Mit ihren großen Mäulern filtern sie das Meerwasser, um an Plankton, ihre Haupt-Nahrungsquelle, zu gelangen. Riesenhaie sind dunkelgrau und an ihrer großen Rücken- und Schwanzflosse zu erkennen. Abhängig vom Planktongehalt der

Gewässer sind Riesenhaie hauptsächlich im Spätsommer zu sehen. Als beste Zeit für Walbeobachtungen rund um die Isle of Mull gelten die Monate von Mitte Juni bis Ende September. An der zerklüfteten Küste gibt es eine Vielzahl kleiner Buchten und felsiger Höhlen, die Riesenwalen, Schweinswalen sowie weiteren Walarten und Delfinen Schutz bieten. Während der Sommersaison werden auch Buckel- und Zwergwale bei Walbeobachtungsausflügen gesichtet. Da die Orcas küstennahe Gewässer bevorzugen, besteht zu jeder Jahreszeit die Chancen, einigen dieser prächtigen Wale zu begegnen. Vom Hafen in Tobermory werden verschiedene Bootsausflüge zur Walbeobachtung angeboten. Die Ausflugsmöglichkeiten reichen von kurzen eineinhalbstündigen Kreuzfahrten bis zu 6-stündigen Walbeobachtungsfahrten. Eine Wohltätigkeitsorganisation mit Sitz auf Mull, die sich für die Überwachung der lokalen Wal- und Delfinarten einsetzt, bietet ebenfalls Schiffsausflüge an.

Abb. 36

5-8h

#38

Calgary Bay – einsame, weiße Strände

Nur 4 Stunden von der Großstadt Glasgow entfernt befindet sich der einsame weiße Strand von Calgary. Die **Calgary Bay** auf der Isle of Mull ist ein beliebtes Ziel für ruhe-suchende Menschen, die in der Abgeschiedenheit der Wildnis Ruhe, Einsamkeit und Entspannung finden wollen. Der mit weißem Sand bedeckte Sandstrand ist breit, nahezu unberührt, von smaragdgrünen Hügeln und niedrigen Dünen umgeben. Am Calgary Strand können Seeadler, Papageientaucher, Zwergtaucher, Slawentaucher sowie einige weitere Seevogelarten und Robben beobachtet werden. In Strandnähe gibt es eine Grasfläche und Picknicktische. Auch ein Parkplatz ist vorhanden. Da wegen der Abgeschiedenheit keine gastronomischen Einrichtungen vorhanden sind, ist es empfehlenswert, Proviant selbst mitzubringen. In der warmen Jahreszeit sehen der schneeweiße Sand und das kristallklare, türkisfarbene Wasser wie karibischer Strand aus. Die Bezeichnung Calgary entstammt der gälischen Sprache und bedeutet „Strand der Weide". In früheren Zeiten hat sich hier eine Anlegestelle für Schaftransporte befunden. Überreste des kleinen Anlegepiers befinden sich am nördlichen Ende des Calgary-Strandes. Bis ins 19. Jahrhundert legten dort Dampfschiffe an, um Nahrung und Brennmaterial für die Bewohner von Calgary Castle zu liefern. Das 200 Jahre alte Calgary Castle liegt weiter landeinwärts und ist vom Calgary-Strand aus zu sehen. Oberhalb des Sandstrandes befinden sich auf einem Hügel die Überbleibsel des verlassenen

Dorfes Inivea. Nach der Einführung der Schafzucht im schottischen Hochland sollen die Dorfbewohner die Gegend verlassen haben, um in den Städten neue Erwerbsquellen zu finden. Die Großstadt Calgary in Kanada ist nach dem Calgary auf der Isle of Mull benannt. Im schottischen Calgary, einer kleinen Ansiedlung von Häusern unweit des gleichnamigen Strandes, befindet sich das bekannte Art Café Calgary. Dem wegen seiner riesigen Auswahl an Kuchen, Kaffee, Tee und heißer Schokolade mit Mini-Marshmallows beliebten Café gehört auch die Freiluftgalerie „Calgary Art in Nature". In einem separaten Raum für lokale Künstler wird alle paar Wochen ein neuer Künstler vorgestellt.

Abb. 37

1-3h

#39

Aros Park – Wanderung zu den Wasserfällen

Der Aros Park zählt zu den schönsten Plätzen in der Umgebung der Inselhauptstadt Tobermory. Durch das grüne, mit üppigen Farnen bewachsene Waldgebiet führen mehrere Wege. An den Aussichtspunkten bieten sich Panoramablicke auf das malerische Städtchen Tobermory bis zur schroffen Felswand von Ardnamurchan über dem Sound of Mull. Für Kinder wurde ein Spielpfad angelegt. Es stehen Grillplätze zur Verfügung und am nahegelegenen Loch kann man Forellen angeln. Der **Aros Park** ist ein Erholungspark, der sehr gut gepflegt wird. Neben Parkmöglichkeiten sind behindertengerechte Zugänge und sanitäre Einrichtungen vorhanden. Der Parkeingang ist etwa eine halbe Meile vom Zentrum Tobermorys entfernt. Von dort aus gelangt man über einen kleinen Fußweg zum Aros Park. Der Erholungspark befindet sich auf dem Gelände, wo früher das Aros House statt. Die Residenz wurde inzwischen abgerissen, jedoch sind einige Gebäude erhalten. In der Mitte der Parkanlage befindet sich ein künstlich angelegtes Loch, das auch als Energiequelle für die Mühle dient. Das Waldgebiet besteht aus vielen verschiedenen Bäumen, Sträuchern und Pilzen. Da viele Farne und Gräser hier frei wachsen, ähnelt der Aros Park stellenweise einem gemäßigten Regenwald. Beeindruckend ist die hohe Anzahl pontischer Rhododendrone. Der Rhododendron Ponticum ist eine Pflanze aus der Gattung der Heidekrautgewächse, die sonst nur in Südwestasien und Südeuropa beheimatet ist. Die Kleinsträucher präsentieren sich ab Mai mit violettfarbenen Blüten. Zum Spazierengehen, Joggen und Wandern gibt es im Aros Park verschiedene Walking Trails. Einer davon ist der idyllische Lochan Trail. Die 1,7 Kilometer lange Wanderstrecke verläuft durch ein Waldgebiet, dessen Ränder von Eichen, Buchen und Zypressen gesäumt sind. Der Wasserfallweg (Waterfalls Trail) führt durch den Wald zu zwei spektakulären Wasserfällen. Die Strecke ist 1,4 Kilometer lang und in einer halben Stunde zu bewältigen. Im Aros-Park befindet sich die erste Disc-Golf-Anlage Großbritanniens. Die 9-Loch-Anlage ist für die Öffentlichkeit zugänglich. Eine Mitgliedschaft in einem Golfclub ist nicht erforderlich.

Abb. 38

1-2h

#40

Orkney Inseln – St. Magnus Cathedral

Die Orkney-Inseln bestehen aus der Hauptinsel, die Mainland genannt wird und 70 weiteren, kleineren Inseln. Der Insel-Archipel liegt Sichtweite vor Schottlands Nordküste und wird von dieser durch den Pentland Firth getrennt. Hauptstadt von Orkney ist das Städtchen Kirkwall, dessen berühmteste Sehenswürdigkeit die St. Magnus-Kathedrale ist. Das prächtige Gotteshaus gilt als spirituelles Zentrum der Orkneys und spiegelt die abwechslungsreiche Geschichte der Inselgruppe wider. Der heilige Magnus, dem die Kathedrale gewidmet ist, war einst der Graf von Orkney und wurde von seinem Cousin ermordet. In der im Jahr 1.137 erbauten St. Magnus Kathedrale werden die Gebeine des Heiligen Magnus aufbewahrt. Des Weiteren gibt es in der Kirche eine Gedenkplakette, die an die 800 Opfer des Kriegsschiffs Royal Oak erinnern soll, dass im Oktober 1939 während eines U-Boot-Angriffs durch deutsche Streitkräfte versenkt wurde. Die Kathedrale von St. Magnus ist die nördlichste Kirche Großbritanniens und gehört nicht der Kirche, sondern dem Volk. Eine organisierte Kirchenbesichtigung führt auch zum Kirchturm, über dessen Treppen man bis zur Kirchturmspitze gelangt und den 360-Grad-Panoramablick genießen kann.

Eine Besonderheit ist die mittelalterliche Architektur der St. Magnus-Kathedrale. Die aus gelblichem und rotem Sandstein bestehende Kirche ist reichlich mit Ornamenten, Buntglasfenstern, Fenster- und Torbögen geschmückt. Zur Anfertigung der steinernen

Schmuckelemente wurden ebenfalls zwei Sandsteinarten verwendet. Der gelbe Sandstein stammt von der Insel Eday, während der rote Stein in der Nähe von Kirkwall abgebaut wurde. Jedes Jahr im Juni findet das St. Magnus Festival statt. Eine Woche lang dreht sich bei diesem in ganz Großbritannien bekannten Kunstfestival alles umbildende Kunst, Literatur, Musik, Tanz und Theater. Die Geschichte der Orkneys und insbesondere der 40 Kilometer langen und bis zu 26 Kilometer breiten Hauptinsel Mainland entdeckt man im Orkney-Museum. Eine Vielzahl an Ausstellungsobjekten verdeutlicht die Vergangenheit der Orkney-Inseln von der Steinzeit bis zur Gegenwart. Die Inselhauptstadt Kirkwall liegt auf einer Landenge zwischen dem östlichen und westlichen Mainland. Vom Hafen bestehen regelmäßige Fährverbindungen von und nach Aberdeen sowie zu den nördlichen Orkney-Inseln. Inlandsflüge aus Glasgow, Aberdeen und Iverness verbinden Kirkwall mit dem schottischen Festland.

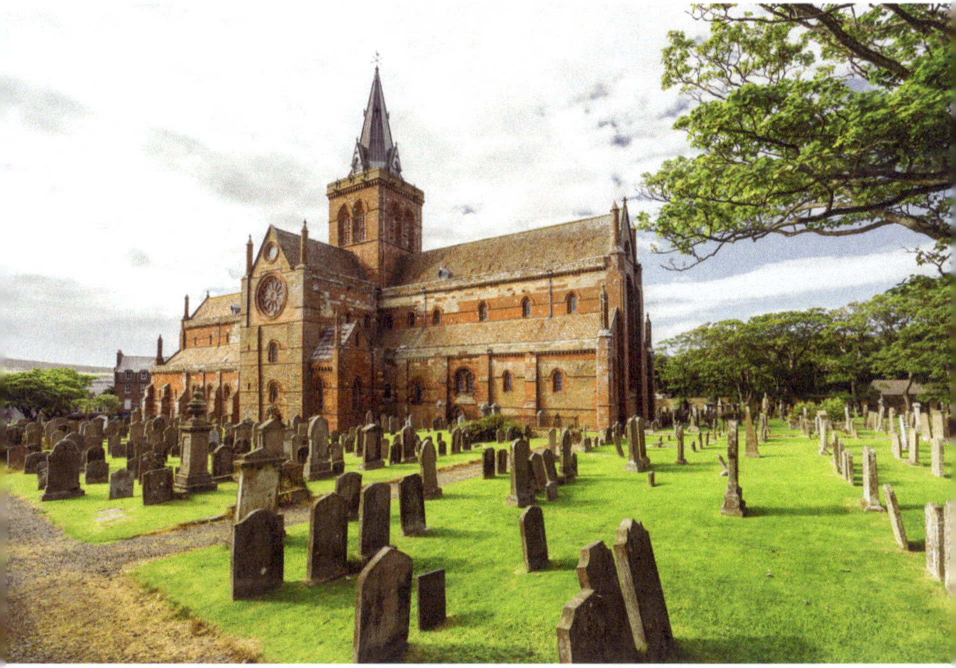

Abb. 39

2h

#41

Skara Brae – prähistorische Ausgrabungen entdecken

Die Orkney-Inseln sind bereits seit 10.000 Jahren besiedelt. Die drei wichtigsten Ausgrabungsorte sind Skara Brae, Stenness Stones und Ring of Brodgar. Im Zeitraum der ersten Besiedlung gehörten die Orkneys nicht zu Schottland. Sie wurden erst im Jahr 1474 ein Teil des schottischen Königreichs. Der skandinavische König Christian I. verpfändete damals die beiden Inselgruppen Orkney und Shetland, als seine Tochter den schottischen Herrscher König James III. heiratete. Damals war das prähistorische Dorf Skara Brae noch unter Sanddünen begraben. Erst 1850, als die Sandmassen von einem starken Orkan weggeblasen wurden, traten Überreste der alten Siedlung zutage. Skara Brae ist Teil der neolithischen Orkney UNESCO-Welterbestätte. Die jungsteinzeitliche Siedlung soll mehr als 5.000 Jahre alt sein und ist somit das älteste Steinzeitdorf auf den Orkney-Inseln. Die Ausgrabungsstätte befindet sich auf der Hauptinsel Mainland etwa 11 Kilometer nördlich von Stromness, der zweitgrößten Siedlung der Insel, entfernt. Dieser vom Meer und vom Fischfang geprägte Ort war bereits zu Wikingerzeiten ein sicherer Walfang- und Heringsfischereihafen. Heute ist Stromness außerdem ein Fährhafen mit Fährverbindungen zum schottischen Festland.

Von der Inselhauptstadt Kirkwall ist Skara Brae rund 25 Kilometer entfernt. Unweit von der Jungsteinzeit-Siedlung befindet sich die herrschaftliche Residenz Skaill House aus dem 17. Jahrhundert.

Das vornehme Herrenhaus war der Wohnsitz des Entdeckers von Skara Brae. Bei Grabungen an vier Häusern seines Landbesitzes entdeckte Gutsherr William G. Watt die Reste der alten Siedlung. Gleichzeitig grub er auch die Skara Brae Buddo aus. Die berühmte neolithische Figur ist aus einem Stück Fischbein geschnitzt und stellt einen Menschen dar. Da prähistorische Menschendarstellungen in Großbritannien extrem selten sind, besitzt die Skara Brae Buddo einen hohen ideellen Wert. Seit 2016 ist sie im Stromness-Museum zu sehen. Die Besichtigung des von William G. Watt bewohnten Skaill House ist inzwischen Teil der geführten Tour durch die Steinzeit-Siedlung.

Abb. 40

1h

#42

Bishop Palace

Einst war der Bishop Palace in Kirkwall eine Bischofsresidenz. Im Mittelalter diente der Palast als Wohnsitz der Bischöfe von Orkney. Ebenso wie die nahegelegene St.-Magnus-Kathedrale hat man den Bischofspalast im 12. Jahrhundert errichtet. Die Ruine, die einer Burg ähnelt, kann besichtigt werden. Wenn man auf den Turm steigt, kann man den Rundblick über die bedeutendsten Sehenswürdigkeiten von Kirkwall genießen. Vom ehemaligen zweistöckigen Hallenhaus ist jedoch nur das Erdgeschoss weitgehend erhalten. Im Bishop Palace residierte nicht nur der erste Bischof von Orkney, sondern auch König Hakon von Norwegen. Der norwegische Herrscher starb 1263 nach einem Kampf gegen die schottischen Truppen im Bischofspalast. Der Bishops Palast und der Earls Palace bilden einen größeren Komplex, der für die Öffentlichkeit zugänglich ist, sodass nur eine Eintrittskarte benötigt wird, um die historischen Bauwerke zu besichtigen. Die beiden Palastruinen in der Nähe der St.-Magnus-Kathedrale gelten als schönste Beispiele der mittelalterlichen Architektur in Schottland und verdeutlichen die starken nordischen Verbindungen der Orkneys. Ebenso wie die St.-Magnus-Kathedrale wurde für den Bau des Bischofspalasts roter und gelber Sandstein verwendet. An den schmalen Fenstern der Westfassade, die abwechselnd aus gelben und roten Steinen bestehen, ist dies heute noch zu sehen.

Überlieferungen zufolge soll es damals einen unterirdischen Tunnel gegeben haben, der den Bishops Palace mit der Kathedrale St. Magnus verband. Heute noch werden Geschichten über einen geisterhaften Pfeifer erzählt, der einst zur Erkundung des Gangs ausgesandt wurde. Er soll jedoch niemals von seiner Tour zurückgekehrt sein. Seitdem ist angeblich hin und wieder ein Pfeifen aus dem Untergrund zu hören. Nach dem Tod des norwegischen Monarchen Hakon verfiel der Bischofspalast. Erst in den 1540-er Jahren wurde das Bauwerk unter Bischof Robert Reid umfassend renoviert und umgebaut. Reid, der später die Universität Edinburgh gründete, ließ einen Rundturm hinzufügen. Im Jahr 1568 erwarb Earl Robert Stewart den Bischofspalast. Auf Anordnung von dessem Sohn Patrick wurde der Bischofspalast ab 1600 weiter umgebaut. Nachdem die Grafenfamilie das benachbarte Grundstück ebenfalls erworben hatte, konnte um 1607 mit dem Bau des Earls Palace begonnen werden. Seitdem ist der Bischofspalast mit dem Grafenpalast über eine Hofmauer verbunden. Die beiden Paläste sind die einzigen noch existierenden Renaissance-Residenzen auf den Orkneys.

Abb. 41

1h

#43

Earls Palace – einstige Herrscherresidenz

Die Errichtung der Herrscherresidenz in Kirkwall geht auf Patrick Stewart, den Earl of Orkney, zurück. Dieser entschied um 1600, eine prächtige Palastanlage zu erbauen. Unmittelbar gegenüber dem Bischofspalast stehen die Überreste des Earls Palace. Gemeinsam mit dem Bischofspalast und der St.-Magnus-Kathedrale bilden sie das historische Zentrum der Inselhauptstadt Kirkwall. Der Komplex besteht aus den Überresten zweier Paläste. Der Earls Palace gilt als Musterbeispiel französischer Renaissance-Architektur in Schottland. Die Bewohner der Orkney-Inseln erinnert die Adelsresidenz jedoch an eine der dunkelsten Episoden in der Geschichte der Orkney-Inseln. Die Herrschaft der Stewart-Grafen war durch Unterdrückung und Sklavenarbeit geprägt. Die Bauzeit für den Palast des Grafen betrug circa fünf Jahre. Für die Realisierung des ehrgeizigen Projekts war Andrew Crawford, der Werkmeister von Patrick Stewart, verantwortlich. Der erste Bischof, der seinen Wohnsitz in den Earls Palace verlegte, war Bischof Graham. Ab 1705 war der Palast der Grafen unbewohnbar, da dieser durch das Heer des Earl of Caithness infolge kriegerischer Auseinandersetzungen zerstört wurde. Das verfallene Bauwerk sollte 1849 eigentlich in ein Gerichtsgebäude und Gefängnis umgewandelt werden, jedoch kam es nicht dazu. Im Jahr 1877 ließ die Stadt Kirkwall eine breite Straße zwischen dem Bishops Palace und dem Earls Palace bauen. Damit die Allee gebaut werden konnte, musste einer der Eingänge zum Grafenpalast entfernt werden. Dieser wurde später in die Wand des Bischofspalastes eingebaut.

Im Jahr 1920 übernahm der britische Staat die beiden Paläste. Die Ruinen gelten als beliebter Fotospot, die regelmäßig als Kulisse für Hochzeitsfotos dienen. Für Touristen bietet das historische Zentrum von Kirkwall einen interessanten Einblick in die mittelalterliche Orkney-Hauptstadt. Eine Besichtigungstour beginnt meistens am Kiosk auf dem Gelände des Grafenpalasts. Ein Großteil des Erdgeschosses ist noch intakt. Die oberen Stockwerke sind zwar ohne Dach, jedoch bekommt man einen Eindruck von der einstigen Pracht der Herrscherresidenz. Das Herzstück des Grafenpalastes ist die große Eingangshalle. Die gräfliche Residenz sollte den exklusiven Lebensstil des Herrschers repräsentieren. Der Earls Palace wurde um die riesige Eingangshalle, die von einem fünf Meter hohen Kamin beheizt wurde, errichtet.

Abb. 42

2-4h

#44

Birsay Moors - Naturschutzgebiet

Insgesamt 13 Naturschutzgebiete gibt es auf den Orkney-Inseln. Mit ihrer Vielfalt an Lebensräumen zieht die Region eine große Anzahl heimischer Vogelarten sowie Zugvögel an. Im Naturschutzgebiet Birsay Moors kann man unzählige Vögel beobachten. In diesem Gebiet sind unter anderem Dreizehenmöwen, Trottellummen, Watvögel und Seeadler zu sehen. Riesige, mit fruchtbaren Feldern bewachsene Flächen, Moore und Sümpfe, Küstenheiden und Seen bieten perfekte Lebensbedingungen für zahlreiche Vogelarten. Beim Wandern durch Birsay Moors erlebt man die Natur der Orkney-Inseln in ihrer schönsten Form. Ebenso wie Reiherenten und Graugänse sind auch Raubvögel im größten Naturschutzgebiet der Inselgruppe beheimatet. Ein großer Teil des Orkney-Archipels steht unter der Verwaltung der Vogelschutzorganisation Royal Society for the Protection of Birds (RSPB). Ein Spaziergang in der Natur gleicht einer Entdeckungstour. Vor allem am frühen Morgen kann man Vögel an ihren Schlafplätzen beobachten und Birkhühnern bei der Nahrungssuche zuschauen. Vogelbeobachtungen sind im Naturreservat Birsay Moors zu jeder Jahreszeit möglich. Am Gipfel des Burgar Hill sind Rotkehltaucher zu sehen. Torfstecher haben seit jeher die Mythologie der Inseln bereichert. Die Vogelart lässt sich im südlichen Teil der Mainland-Insel beobachten. Arktische Skuas, die ihre Zeit meistens auf dem Meer verbringen, kommen zum Brüten in die Birsay Moors. In den Herbstmonaten verzeichnet das Naturschutzgebiet eine große Anzahl von Zugvögeln.

Der Brough of Birsay zählt zu den beliebtesten Orten auf Mainland-Orkney. An diesem Strandabschnitt wird bei Ebbe ein betonierter Damm freigelegt. Über diesem Weg gelangt man auf die Gezeiteninsel Birsay mit Überresten historischer Siedlungen. In den Sommermonaten sind an den Klippen zahlreiche Papageientaucher zu sehen. Der schöne Sandstrand eignet sich ausgezeichnet zum Entspannen, zum Muschelsuchen sowie zur Erkundung der nahegelegenen Felsenpools. Es sind Parkplätze vorhanden, sodass nur einige Stufen bis zum Strand zu Fuß zurückgelegt werden müssen. Am Birsay-Strand bietet sich eine schöne Aussicht zur Birsay-Insel sowie über die Küstenlinie des westlichen schottischen Festlands. Unternimmt man einen Spaziergang in nördlicher Richtung, gelangt man zu einer alten Fischerhütte und zu einem mit gelben Flechten bedeckten Fischbeinskulptur. Der Birsay-Walknochen ist Teil des Kieferknochens eines toten Glattwals, der um 1876 an den Strand gespült wurde.

Abb. 43

1-2h

#45

Tankerness House

Tankerness House gilt als schönstes Haus auf den Orkneys. Der Palast, der in der Zeit vor der Reformation erbaut wurde, ist von einem wunderschönen, sehr gepflegten Garten umgeben. Es gibt einen Bereich mit englischem Rasen, einen Teil mit einem Steingarten und den direkt an das Gebäude angrenzenden Heilkräuter-Garten. Das im unteren Teil der Parkanlage befindliche turmförmige Bauwerk ist als Groatie House bekannt. Heutzutage beherbergt Tankerness House das Orkney-Museum. Im „Nationalmuseum" der Orkney-Inseln sind zahlreiche Objekte aus unterschiedlichen Epochen zu stehen. Die Ausstellungsstücke stammen teilweise von prähistorischen Stätten und bieten in chronologischer Reihenfolge einen Überblick über die Geschichte der Orkneys. Eines der beeindruckendsten Objekte ist der Holzsarg des Heiligen Magnus. Im oberen Stockwerk des Museums befinden sich Gegenstände des täglichen Lebens, sodass man einen Eindruck vom Alltag auf den Orkney-Inseln bekommt. Tankerness House befindet sich gegenüber der St. Magnus-Kathedrale in der Inselhauptstadt Kirkwall in versteckter, ruhiger Lage. Die schönen Tankerness House Gardens dienten zuvor der Familie Baikie als Privatgarten. Die ehemaligen Besitzer von Tankerness House zogen in der Mitte des 16. Jahrhunderts in ihre Residenz ein.

In der Gartenanlage befindet sich eine Blumen- und Pflanzenausstellung. Je nach Jahreszeit leuchten die Blumenbeete in allen Farben. Im Frühling und im Sommer kann man im Garten Hummeln, Vögel und andere Tiere beobachten. Tankerness Park ist durch hohe Mauern und umliegende Gebäude vor Meeresbrisen geschützt. Die gepflegte Parkanlage eignet sich ideal für eine Mittagspause nach einer Besichtigungstour und als Rückzugsort für ruhige Stunden. Das ebenfalls auf dem Grundstück stehende Groatie Hoose ist ein einzigartiges Bauwerk. Es besteht aus Vulkansteinen, die vom berüchtigten Piratenschiff „Revenge“ stammen. Das kleine Bauwerk war ursprünglich das Sommerhaus für den Propst von Kirkwall. Es stand zuvor in einem Garten an der Bridge Street in der Inselhauptstadt. Nach einem Großbrand in den 1930-er Jahren wurde es umfassend renoviert. Bis 2005 befand sich Groatie Hoose an seinem anfänglichen Standort. Im Rahmen eines Projekts wurde beschlossen, das historische Gebäude an seinen jetzigen Platz zu transportieren. Die Bezeichnung „Groatie Hoose“ bezieht sich auf die mit Kaurimuscheln verzierte Turmspitze. Diese Muscheln werden auf den Orkneys „Groatie Buckies“ genannt.

2h

#46

Shetland Museum – die Geschichte der Insel erforschen

Die zu Schottland gehörenden Shetland Islands liegen zwischen den Orkneys, den Färöer-Inseln und Norwegen in der Nordsee. Das Städtchen Lerwick liegt in einer Region, die den nördlichsten Teil Großbritanniens bildet. Historisch und kulturell gehören die kleine Inselhauptstadt ebenso wie alle Shetland-Inseln eher zu Norwegen als zu Schottland. Die lange und abwechslungsreiche Geschichte der Shetland-Inseln kann man im Shetland Museum und im angeschlossenen Archiv in Lerwick erkunden. Während ein Museumsbesuch ohne Anmeldung möglich ist, erfordert die Besichtigung des Archivs eine Reservierung. Das Museum ist in einem aus dem 19. Jahrhundert stammenden Dock in Lerwick untergebracht. Im Shetland Museum and Archives sind Ausstellungsstücke frühester geologischer Ursprünge sowie Objekte

Abb. 44

der Neuzeit zu sehen. In den Galerien befinden sich einige typische Inselprodukte wie die zarte Shetland-Spitze sowie piktische Kunst aus römischer Zeit. Auch das erste Telefon, das es 1883 auf den Shetland-Inseln gab, ist im Museum in Lerwick ausgestellt. In einem renovierten Bootsschuppen im Museum werden die überlieferten Techniken des Schiffsbaus dargestellt. Fertige Schiffe befinden sich in der dreistöckigen Bootshalle.

Das Museum in Lerwick verfügt über umfangreiche Archivsammlungen mit einer Fülle von Material über das Leben auf den Shetland-Inseln. Anhand von Büchern, Zeitungen und Zeitschriften sowie Gerichtsakten und Landkarten kann man sich einen Überblick über die Geschichte und Kultur der Inselgruppe verschaffen. Weitere Einrichtungen des Shetland-Museums umfassen einen Raum für Wechselausstellungen, Studienräume, ein Auditorium sowie ein Café-Restaurant und einen Shop. Das etwa 7.000 Einwohner zählende Städtchen Lerwick ist der Verwaltungssitz der Shetland-Inseln. Seit der Stadtgründung im 17. Jahrhundert waren der Hafen und der Fischfang die größten Erwerbsquellen der Einwohner. Dies änderte sich jedoch mit der Entdeckung bedeutender Erdöl-Reserven östlich der Shetland-Inseln im Jahr 1971. Im East-Shetland-Ölfeld sollen sich geschätzte 4.500 Millionen Tonnen Öl befinden. Diese Menge würde ausreichen, um das gesamte Vereinigte Königreich Großbritannien circa 40 bis 45 Jahre lang mit Öl zu versorgen. Die ideale Lage der Stadt Lerwick im Herzen der Shetland-Inseln trägt wesentlich zur stärker gewordenen Frequentierung durch Öltanker, Kreuzfahrtschiffe, Sportboote und Fischereiflotten bei. Vom Fährhafen Lerwick bestehen tägliche Verbindungen nach Aberdeen.

1-2h

#47

Broch of Mouse – Turmbesichtigung mit atemberaubendem Blick

Der große prähistorische Turm, der sich auf der Insel Mousa befindet, soll aus der Zeit um 100 v. Chr. stammen. Die kleine Insel der Shetland-Inselgruppe ist am besten von Sandwick, einer 13 Meilen (ca. 21km) südlich von Lerwick im südlichen Mainland gelegenen Ortschaft zu erreichen. Der Broch von Mousa gilt als bester noch erhaltene Broch in Schottland. Runde, fensterlose Türme wurden in der Eisenzeit an strategisch wichtigen Plätzen Schottlands und der Shetland-Inseln errichtet. Mit einem Durchmesser von etwa 15 Metern und einer Höhe von mehr als 13 Metern ist der Broch of Mousa einer der historischen Wachtürme mit dem kleinsten Gesamtdurchmesser, jedoch mit einer der dicksten Wandstärken. Die massive Bauweise und die abgelegene Lage gelten als ursächlich für den hervorragenden Erhaltungszustand des Bauwerks. Im dicken Mauerwerk verbergen sich drei große Kammern, die jeweils über drei oder vier kleine Nischen verfügen. Über eine Wendeltreppe gelangt man zur Spitze des Turms. Eisenzeitliche Rundtürme gibt es nur in Schottland. In nordischen Sagen wird der Broch of Mousa zweimal erwähnt. In einer Legende wird beschrieben, dass ein Liebespaar nach einem Schiffbruch dort Zuflucht suchte. Eine andere überlieferte Geschichte bezeichnet den Wachturm als ungünstigen Ort für Angriffe auf die Insel.

Als man den Broch of Mousa im Jahr 1861 reparierte und von Schutt befreite, fand man größere Mengen an Tierknochen. Weitere Fundstücke waren steinerne Topfdeckel sowie Teile von Tontöpfen. Außerdem wurde das aus Tannenholz geschnitzte Modell eines norwegischen Bootes entdeckt. Die archäologischen Ausgrabungen sind noch nicht beendet, da man hofft, weitere Gegenstände aus dem Mittelalter zu finden. Unter Vogelbeobachtern ist Mousa Broch für die brütenden Sturmschwalben bekannt. Der beste Zeitpunkt, um diese Vögel zu beobachten, ist in den Sommermonaten nach Einbruch der Dunkelheit. Auf der Insel soll es circa 6.800 Brutpaare geben. Einige dieser Vögel nisten sogar in den Höhlen innerhalb des Brochs. Die kleine Insel, auf der sich der Broch of Mousa befindet, ist ein besonderer Ort. Unzählige Brutvögel sind dort beheimatet und es ist gleichzeitig der Lebensraum einiger Seehundkolonien.

Abb. 45

2h

#48

Jarlshof

Der Jarlshof befindet sich in der Nähe der Südspitze auf der Hauptinsel Mainland. Es handelt sich dabei um die bedeutendste und bekannteste prähistorische Stätte der Shetland-Inseln. Die Bezeichnung Jarlshof soll „Haus des Grafen" bedeuten und sich auf den berühmten schottischen Dichter Sir Walter Scott beziehen, der diesen Begriff in seinem Roman „The Pirate" verwandte. Obwohl der Schriftsteller in seinem Werk von einem Haus des Grafen erzählte, fanden sich später bei Ausgrabungen keinerlei Beweise dafür, dass sich früher Wikinger-Grafen auf der Insel aufhielten. Die ältesten Fundamente der Siedlung sollen auf die Bronzezeit

Abb. 46

zurückgehen. Entdeckt wurden die Ruinen von Landbesitzer Kohn Bruce, einem Hobby-Archäologen. Dieser informierte daraufhin die bekanntesten Wissenschaftler des frühen 20. Jahrhunderts über seinen Fund. Als die Archäologen vor Ort mit den Ausgrabungen begannen, stellte sich die große Bedeutung der prähistorischen Fundstätte schnell heraus. Bei archäologischen Grabungen wurden Spuren menschlicher Besiedlung aus der Zeit um 2.500 v. Chr. entdeckt.

Wichtige Funde sind ovale Häuser, nordische Langhäuser, Radhäuser sowie ein eisenzeitlicher Broch. Außerdem wurden in Jarlshof ein Gutsherrenhaus und ein mittelalterliches Gehöft aus der Zeit um 1500 entdeckt. Die Bauwerke aus der Eisenzeit sowie die Radhäuser hielten über Jahrtausende oder Jahrhunderte dem unwirtlichen Klima und den hohen Wellen des Meeres stand. Ausgrabungsfunde spiegeln die Lebensweise nordischer Völker, die die nördlichen Shetland-Inseln im frühen Mittelalter bevölkerten, wider. Die Lage auf einer Landzunge ermöglicht eine wunderbare Aussicht auf die südlichste Bucht des Shetland-Festlands, den Sumburgh Head. Prähistorische Siedlungen des Jarlshofs zählen zu den besonders magischen und inspirierenden archäologischen Stätten Schottlands. Im Informationszentrum befindet sich eine kleine Ausstellung lokaler Materialien, die früher im Alltag verwendet wurden. Dazu gehören Steine, Schiefer, Knochen und Wolle. Der Jarlshof wird als eines der beeindruckendsten Zeitzeugen für die kontinuierliche Besiedlung eines Ortes betrachtet. Eine individuelle Besichtigung sollte vorab geplant werden, da die Tore vom Verwalter geöffnet werden müssen. Es wird empfohlen, sich mit Umsicht und etwas Geduld auf dem Gelände zu bewegen, weil weiterhin archäologische Ausgrabungen stattfinden. Die Wege sind gepflastert, jedoch nicht barrierefrei. Im Besucherzentrum erhält man Kopfhörer, sodass man sich das Gelände bei einer Audioführung selbst anschauen kann.

5-8h

#49

Shetland Inseln – unglaubliche Flora & Fauna

Die Shetland-Inseln sind ebenso wie die Orkney-Inseln ausgezeichnete Orte, um Wale und andere Meeresbewohner zu beobachten. Organisierte Walbeobachtungstouren werden während der Saison von April bis September in vielen Hafenstädten angeboten. Vor der schottischen Küste tummeln sich Papageitaucher, Orcas und Delfine. Die faszinierende Meeresfauna kann auch bei Tauchgängen erkundet werden. Bootsausflüge sind allerdings besser geeignet, um Wale und andere Unterwassertiere zu beobachten. Vom Deck eines Schiffes ist die Sicht meistens ausgezeichnet und es werden zugleich die Brutstätten der Tiere geschont. Organisierte Walbeobachtungstouren werden von einem professionellen Guide begleitet, der unterwegs interessante Erklärungen liefert und für Fragen zur Verfügung steht. In den Gewässern vor den Shetland-Inseln werden regelmäßig Wale gesichtet. Wale oder Gruppen von Orcas in der Nähe des Ausflugsschiffs vorbeiziehen zu sehen, ist ein besonderes Erlebnis. Als bester Zeitpunkt für Orca-Sichtungen gelten die Monate zwischen Mai und August. Häufig informieren lokale Radio- und Fernsehsender sowie die regionale Presse über Walaktivitäten. Wer individuell mit einem Sportboot oder einem Kajak auf dem Wasser unterwegs ist und dabei Delfinen oder Walen begegnet, sollte einige Sicherheitshinweise beachten. Es wird empfohlen, einen Mindestabstand von 200 Metern einzuhalten, um die Meeresriesen nicht zu verschrecken. Auf den Shetland-Inseln schwimmen Wale oft in Küstennähe. Dadurch ist es möglich, den riesigen Meeresbewohnern auch beim Wandern entlang der Küste zu begegnen.

Die intakte Natur der Shetland-Inseln trägt wesentlich dazu bei, dass sich Wale, Seehunde, Delfine und viele Seevögel das ganze Jahr über an der Küste und in den Gewässern rund um die Inseln aufhalten. Der Hauptort der Shetlands, Lerwick, ist der wichtigste Ausgangspunkt für halb- oder ganztägige Walbeobachtungsausflüge. Zum Wale beobachten auf einer anderen Shetland-Inseln gelangt man mit einer der Fähren, die regelmäßig zwischen den Inseln verkehren. Walbeobachtungen sind ein grandioses Spektakel. Vom Schiff aus in geringer Entfernung sind die Whale-Watching-Erlebnisse besonders intensiv. Die meisten Ausflugsanbieter erklären die wichtigsten Dinge über Wale und den Schutz ihres Lebensraums bereits vor Beginn einer Tour. Beim Whale-Watching im Meer vor den Shetland-Inseln wird dem Wetter entsprechend, passende Kleidung getragen. Ob und wie viele Wale zu sehen ist, kann selbstverständlich nicht garantiert werden.

Abb. 47

2h

#50

Hermaness Hill – Wandern entlang von Meeresklippen

Die Shetland-Inseln sind ein beliebtes Reiseziel für Wanderreisen in unberührter Natur. Ein schöner Wanderausflug führt nach Hermaness, der nördlichsten Landzunge von Unst. Die circa 700 Einwohner zählende Insel Unst ist die nördlichste bewohnte Insel der Shetland-Gruppe und somit der nördlichste Ort Schottlands. Das Gebiet besteht aus Moorland und riesigen Meeresklippen. Hermaness ist ein idealer Lebensraum für eine Vielzahl von Vogelarten und Kleintiere und deshalb seit 1955 ein nationales Naturschutzgebiet. Beim Wandern in der Hermaness National Nature Reserve kann man Tausende von Seevögeln sehen, die sich auf den Klippen sonnen oder Nistplätze anlegen. Zu den im Hermaness-Naturschutzgebiet brütenden Vogelarten zählen Möwen, Eissturmvögel, Papageientaucher, Krähenscharben und Basstölpel.

Im Frühjahr und im Sommer blühen auf den Wiesen an der Küste Heidekraut und Krähenbeere, Moose und Rauschbeere. Unterwegs zum nördlichsten Punkt Schottlands kann man große Skuas, die auf den Shetlands „Bonxies" genannt werden, über die Mooslandschaft und die Felsen hinwegfliegen sehen. Gegen Herbstende sind die meisten Seevögel verschwunden. Einige Basstölpel und Kegelrobben sind an der felsigen Küste auch während der kalten Jahreszeit zu sehen. Die Wanderung zu den Seevogelklippen dauert etwa eine Stunde. Für eine Erkundungstour durch das gesamte Hermaness-Naturschutzgebiet sollten circa drei bis vier Stunden eingeplant werden. Da nur wenig Steigungen vorhanden sind, ist die Wanderstrecke einfach zu bewältigen. Das Besucherzentrum am Eingang des Naturschutzgebiets ist in einem alten Leuchtturm untergebracht. Das Hermaness-Naturschutzgebiet ist ganzjährig zugänglich. Die beste Zeit für Wanderungen ist aber Mitte Mai bis Mitte Juli. Im Frühsommer ist allerdings häufig mit Nebel zu rechnen.

Abb. 48

5-8h

#51

Fair Isle

Fair Isle ist für ihre Tierwelt und die zahlreichen Naturattraktionen bekannt. Die südlichste der Shetland-Inseln ist circa 38 Kilometer von der Mainland-Insel entfernt. Das idyllische, aber etwas abgelegene Eiland wurde von den ersten nordischen Siedlern Fridarey, „die Insel des Friedens" genannt. Wegen ihrer strategischen Bedeutung wurde Fair Isle jedoch von Wikinger-Kriegsherren und den Grafen von Orkney als Aussichtspunkt genutzt. Seit 1954 befindet sich die Insel im Besitz des National Trust of Scotland. Nur circa 60 Menschen haben ihren ständigen Wohnsitz auf Fair Isle. Das Interesse der Besucher*innen gilt den Seevögeln, die dort ihre

Abb. 49

Brutstätte haben und den Zugvögeln, die vor der Rückkehr in den Süden Rast machen. Das malerische, ruhige Fair Island ist etwa 4,8 Kilometer lang und an der breitesten Stelle circa 1,6 Kilometer breit. An der Küste von Fair Isle sind einige Schiffswracks zu sehen. Der Sheep Rock (deutsch: Schaffelsen) ähnelt einem grasbewachsenen Asteroiden.

Einen Besuch wert ist das George Waterston Memorial Center und Museum, das an den Direktor des RSPB, einer britischen Wohltätigkeitsorganisation, die sich für Vögel und Wildtiere einsetzt, erinnert. Waterston ist auch Mitbegründer des Vogelobservatoriums. Im nach ihm benannten Museum sind interessante Ausstellungen zur Geschichte der Insel zu sehen. Nach Fair Isle gelangt man mit der Fähre, die regelmäßig zwischen der Insel und der an der Südspitze von Shetland-Mainland gelegenen Ortschaft Grutness verkehrt. Vom Flughafen Lerwick-Tingwall kann man zwei- bis dreimal pro Woche nach Fair Isle fliegen. Auf der Insel ist am besten zu Fuß oder mit dem Fahrrad unterwegs. Es gibt verschiedene Übernachtungsmöglichkeiten, sodass man auch einige Tage oder Wochen auf dieser einsamen Insel verbringen kann. Die Dorfgemeinschaft besteht hauptsächlich aus Kleinbauern, Bootsbauern, Handwerkern und Naturschützern. Auf der als Vogelbeobachtungsort bekannten Insel gibt es viele weitere Dinge zu entdecken. Sehenswert sind die archäologischen Überreste historischer Siedlungen sowie die Stevenson-Leuchttürme. Die über 200 Jahre Leuchtturmwärter-Tradition in Schottland endete am Fair Isle South-Leuchtturm zwar bereits 1998, die Weitsicht ist aber weiterhin fantastisch.

REISEROUTEN SCHOTTLAND

Reiserouten Schottland

Schottland lernt man am besten bei einer Rundreise kennen. Die beiden Reisevorschläge eignen sich für Rundfahrten mit dem Mietauto. Eine Schottland-Rundreise ist auch mit dem Motorrad oder als Fahrradreise möglich.

Reiseroute 1: 7 Tage Reisezeit
Startpunkt: Edinburgh
Reiseroute:

1. Tag: Edinburgh
2. Tag: Edinburgh, St. Abbs, Northumberland National Park
3. Tag: Northumberland National Park, Gretna Green, Dumfries
4. Tag: Caerlaverock Castle, Lochrutton Loch
5. Tag: Milton Loch, New Lanark
6. Tag: Glasgow
7. Tag: Glasgow, Loch Lomond
8. Tag: Edinburgh Rückflug

Tag 1: Nach Ankunft am Flughafen holst du dir direkt vor Ort dein Mietauto und fährst in die Stadt Edinburgh, um das Nationalmuseum von Schottland zu besichtigen. Der Eintritt ist frei. Übernachtungstipp: House of Gods Royal Mile

Tag 2: Ausflug zur Roslyn Chapel südlich von Edinburgh - Weiterfahrt zum Küstendorf St. Abbs mit spektakulärem Leuchtturm - Fahrt zum Northumberland National Park (Möglichkeiten zum Campen oder Hotelübernachtung in Haltwhistle) - Rundwanderung Haltwhistle nach Crag Loch and Hadrians Wall (5,6 Kilometer, Schwierigkeitsgrad: einfach). Tag 3: Fahrt nach Gretna Green, dem schottischen Hochzeitsparadies - von dort Weiterfahrt nach Dumfries (Heimatmuseum im Old Bridge House) – Übernachtungstipp: Lauren House

Tag 4: Dumfries, Besichtigung des Robert Burns House mit interessanten Ausstellungsstücken des Heimatdichters - Weiterfahrt nach Caerlaverock Castle und Lochrutton Loch – Übernachtungstipp: in einer Lodge oder Campsite

Tag 5: Fahrt nach Milton Loch und New Lanark - Besuch der ehemaligen Baumwollfabrik und UNESCO-Welterbestätte – Übernachtungstipp: Mühlen-Hotel oder in einem Cottage

Tag 6: Fahrt nach Glasgow: St. Mungo Cathedral, Riverside Museum, Kelvingrove Art Gallery and Museum – Übernachtungstipp: Clayton Hotel

Tag 7: Von Glasgow nach Loch Lomond, Besuch SEA LIFE Loch Lomond Aquarium - Wandern zum Wasserfall von Dochart - Weiterfahrt nach Edinburgh - Übernachtung

Tag 8: Rückgabe des Mietautos und Rückflug

Reiseroute 2: 14 Tage Reisezeit
Startpunkt: Glasgow
Reiseroute:

1. Tag: Glasgow
2. Tag: Glasgow - Loch Lomond
3. Tag: Loch Lomond - Isle of Mull
4. Tag: Isle of Mull - Glencoe
5. Tag: Mount Ben Nevis - Fort Augustus, Loch Ness
6. Tag: Loch Duich
7. Tag: Isle of Skye
8. Tag: Isle of Skye
9. Tag: Golspie
10. Tag: Inverness
11. Tag: Aberdeen
12. Tag: Dundee
13. Tag: St. Andrews - Edinburgh
14. Tag: Edinburgh - Glasgow
15. Tag: Glasgow Rückflug

Tag 1: Ankunft am Flughafen Glasgow - Mietauto übernehmen und Fahrt in die Stadt – Übernachtungstipp: Clayton Hotel

Tag 2: Kelvingrove Art Gallery, Bummel The Barras, Europas größtem überdachten Markt, St. Mungo's Cathedral - Fahrt von Glasgow nach Loch Lomond - Schiffsfahrt zur Loch Lomond Insel. Übernachtungstipp: im Seehotel oder in einer Lodge

Tag 3: Mit der Fähre von Oban nach Craignure - Rundfahrt über die Isle of Mull mit Besuch der Inselhauptstadt Tobermory - Moy Castle und Duart Castle – Übernachtungstipp Tobermory: Park Lodge Hotel

Tag 4: Rückfahrt mit dem Schiff von Craignure nach Oban - Weiterfahrt nach Glencoe - Besichtigung Glencoe Folk Museum – Übernachtungstipp: Aos Si Lodges

Tag 5: Wanderung zum Gipfel des Mount Ben Nevis - Fahrt nach Loch Ness - Ankunft in Fort Augustus - Besuch der Schleusenanlage - Übernachten in Fort Augustus

Tag 6: Weiterfahrt nach Loch Duich - Besichtigung Eilean Donan Castle

Tag 7: Überfahrt mit der Autofähre von Mallaig zur Isle of Skye - Besichtigung der Inselhauptstadt Portree – Übernachtungstipp: Marmalade

Tag 8: Isle of Skye-Rundfahrt und Wanderung zur Felsnadel The Old Man of Storr

Tag 9: Von der Isle of Skye geht es mit dem Schiff auf das schottische Festland - Bow Fiddle Rock - Dunrobin Castle zum Ort Golspie – Übernachtung

Tag 10: Relaxen am Sandstrand von Golspie - nachmittags Weiterfahrt nach Inverness - Übernachtung

Tag 11: Inverness, Besuch von Urquhart Castle - Fahrt nach Aberdeen - St. Machar 's Cathedral und Aberdeen Maritime Museum – Übernachtungstipp: Leonardo Hotel

Tag 12: Abfahrt von Aberdeen nach Dundee - Besichtigung The McManus Art Gallery & Museum – Sterne gucken im Mills Observatory - Übernachtung

Tag 13: Fahrt von Dundee nach St. Andrews - Besichtigung der Burgruine St. Andrews mit ihrem mittelalterlichen Flaschenkerker - Weiterfahrt nach Edinburgh - Besuch Edinburgh Castle, St. Margaret's Chapel und Holyrood Palace - Übernachten in Edinburgh ‚House of Gods Royal Mile'

Tag 14: Bummel durch Dean Village - Besichtigung St. Giles Cathedral - Nachmittags Abfahrt von Edinburgh nach Glasgow - Übernachtung

Tag 15: Glasgow - Rückgabe des Mietautos und Rückflug

BILDERRECHTEVERZEICHNIS

Abb.1 © - khrizmo, 20.08.2013 - depositphotos
Abb.2 © - lorddenovan, 30.11.2011 - depositphotos
Abb.3 © - Susanne2688, 04.08.2020 - depositphotos
Abb.4 © - CreativeNature, 12.01.2016 - depositphotos
Abb.5 © - Julietart, 26.05.2018 - depositphotos
Abb.6 © - eastfrisian, 14.08.2019 - depositphotos
Abb.7 © - lmdesert, 24.11.2021 - depositphotos
Abb.8 © - Josef Durok, 09.03.2021 - iStock
Abb.9 © - phb.cz, 29.11.2013 - depositphotos
Abb.10 © - bukki88, 26.05.2015 - depositphotos
Abb.11 © - Susanne2688, 29.07.2020 - depositphotos
Abb.12 © - Shaiith79, 21.08.2012 - depositphotos
Abb.13 © - martinm303, 12.12.2016 - depositphotos
Abb.14 © - coleong, 10.04.2016 - depositphotos
Abb.15 © - Cornfield, 14.10.2015 - depositphotos
Abb.16 © - vichie81, 10.12.2018 - depositphotos
Abb.17 © - coleong, 24.11.2015 - depositphotos
Abb.18 © - Mediterranean, 12.10.2022 - depositphotos
Abb.19 © - kefirm, 13.07.2020 - depositphotos
Abb.20 © - mozzi23, 14.05.2020 - depositphotos
Abb.21 © - ImageSource, 11.10.2017 - depositphotos
Abb.22 © - samot, 18.05.2016 - depositphotos
Abb.23 © - rebaisilvano, 24.02.2019 - depositphotos
Abb.24 © - e55evu, 06.04.2019 - depositphotos
Abb.25 © - ektwp89, 28.10.2022 - depositphotos

Abb.26 © - piranhi@outlook.com, 28.10.2021 - depositphotos
Abb.27 © - Jivi, 03.08.2022 - depositphotos
Abb.28 © - zoltangabor, 09.01.2016 - depositphotos
Abb.29 © - IzelPhotography, 01.10.2014 - depositphotos
Abb.30 © - StockWithMe, 25.11.2018 - depositphotos
Abb.31 © - lachris77, 03.03.2023 - depositphotos
Abb.32 © - stroop, 18.03.2017 - depositphotos
Abb.33 © - zhuzhu, 21.07.2012 - depositphotos
Abb.34 © - ellenamani, 14.10.2013 - depositphotos
Abb.35 © - Hector Martinez, 17.12.2022 - iStock
Abb.36 © - KevinAlexanderGeorge, 24.05.2013 - iStock
Abb.37 © - acceleratorhams, 02.03.2017 - depositphotos
Abb.38 © - alanfin, 10.09.2018 - iStock
Abb.39 © - lewi222, 20.05.2020 - depositphotos
Abb.40 © - LPeak, 30.05.2020 - depositphotos
Abb.41 © - Vipersniper, 07.03.2020 - iStock
Abb.42 © - NeoMelange, 24.04.2020 - depositphotos
Abb.43 © - hstiver, 14.12.2018 - iStock
Abb.44 © - sippel, 30.05.2022 - depositphotos
Abb.45 © - Marcin_Kadziolka, 12.11.2018 - depositphotos
Abb.46 © - Marcin_Kadziolka, 12.11.2018 - depositphotos
Abb.47 © - Marcin_Kadziolka, 22.07.2018 - depositphotos
Abb.48 © - ABBPhoto, 13.02.2015 - depositphotos
Abb.49 © - TT, 20.02.2020 - iStock

Printed in Poland
by Amazon Fulfillment
Poland Sp. z o.o., Wrocław

36590008R00071